भारत के स्वदेशी मांस उत्पाद

भारत के स्वदेशी मांस उत्पाद

डॉ. प्रभात कुमार मंडल, एमवीएससी, पीएचडी
प्रोफेसर
पशुधन उत्पाद प्रौद्योगिकी विभाग (LPT)
राजीव गांधी पशु चिकित्सा शिक्षा और अनुसंधान संस्थान, कुरुम्बपेट, पांडिचेरी, भारत

डॉ. आशिम कुमार बिस्वास, एमवीएससी, पीएचडी
वरिष्ठ वैज्ञानिक
पशुधन उत्पाद प्रौद्योगिकी विभाग (LPT)
आईसीएआर– भारतीय पशु चिकित्सा अनुसंधान संस्थान (आईवीआरआई),
इज्जतनगर, बरेली, उ.प्र., भारत

डॉ. प्रणव चौहान, एमवीएससी, पीएचडी
पशुधन उत्पाद प्रौद्योगिकी विभाग (LPT)
आईसीएआर– भारतीय पशु चिकित्सा अनुसंधान संस्थान (आईवीआरआई)
इज्जतनगर, बरेली, उ.प्र., भारत

SSPH

सतीश सीरियल पब्लिशिंग हाउस
403, एक्सप्रेस टॉवर, वाणिज्यिक परिसर, आजादपुर, नई दिल्ली–110033
दूरभाषः 011–27672852 फेक्सः 91–11–27672046
ईमेलः info@satishserial.com, hkjain1975@yahoo.com
वैबसाईटः www.satishserial.com

Published by :

SATISH SERIAL PUBLISHING HOUSE
403, Express Tower, Commercial Complex, Azadpur, Delhi-110033 (INDIA)
Phone : 011-27672852 Fax : 91-11-27672046
E-mail : info@satishserial.com, hkjain1975@yahoo.com

ISBN 978-93-53870-58-4
E-ISBN 978-93-53870-59-1

Composed, Designed & Printed in India

लेखकों का परिचय

डॉ. प्रभात कुमार मंडल का जन्म 1967 में हुआ। डॉ. मंडल ने 1991 में बीसीकेवी, कोलकाता से पशु चिकित्सा विज्ञान और पशुपालन (बी.वी.एससी. एंड ए.एच, BVSc – AH) में स्नातक और 1996 में आईवीआरआई से पशुधन उत्पाद प्रौद्योगिकी (LPT) में पीएचडी (PhD) की उपाधि प्राप्त किया। इन्होंने सितंबर 1996 से राजीव गांधी इंस्टीट्यूट ऑफ वेटरनरी एजुकेशन एंड रिसर्च, पांडिचेरी में सहायक प्रोफेसर के रूप में काम किया और मार्च, 2011 से प्रोफेसर के पद पर आसीन हुए। इन्होंने 2008 से 2010 के दौरान सियोल में अतिथि आचार्य के रूप में काम किया। डॉ. मंडल 2009 से इंटरनेशनल जर्नल ऑफ मीट साइंस के मुख्य संपादक हैं। वर्तमान में डॉ. मंडल भारतीय मांस विज्ञान संघ (IMSA) द्वारा प्रकाशित जर्नल ऑफ मीट साइंस और जर्नल ऑफ फूड एंड न्यूट्रिशन रिसर्च के मुख्य संपादक हैं। डॉ. मंडल 25 वर्षों से मांस विज्ञान और प्रौद्योगिकी पर शिक्षण और अनुसंधान में लगे हुए हैं। डॉ. मंडल के पास 185 से अधिक प्रकाशन हैं जिनमें 52 शोध पत्र और 10 पुस्तकें शामिल हैं। वह भारतीय मांस विज्ञान संघ और भारतीय कुक्कुट विज्ञान संघ के अध्येता/फेलो हैं।

डॉ. आशिम कुमार बिस्वास का जन्म 1978 में हुआ। डॉ. बिस्वास ने 2000 में वबआप्स (WBUAFSc), कोलकाता से पशु चिकित्सा विज्ञान और पशुपालन (बी.वी.एस.सी. एंड ए.एच, BVSc – AH) में स्नातक, एम.वी.एससी. (MVSc) (2002) और पीएचडी (PhD) (2005) की उपाधि आईवीआरआई, बरेली, से प्राप्त किया। इन्होंने 2005 में स्कास्ट–जम्मू (SKUAST, Jammu) और फिर 2007 में गडवासू (GADVASU), लुधियाना में सहायक प्रोफेसर के रूप में सेवा प्रदान किया हैं। वह 2012 में भारतीय कृषि अनुसंधान परिषद (आईसीएआर) में वरिष्ठ वैज्ञानिक के रूप में शामिल हुए। डॉ. बिस्वास ने मांस विज्ञान, खाद्य सुरक्षा, प्रोटिओम विश्लेषण और स्वास्थ्य उन्मुख मांस उत्पादों के प्रसंस्करण में काम किया है। वह, डीएसटी (DST) द्वारा युवा वैज्ञानिक पुरस्कार, NAAS एसोसिएट अवार्ड और भारतीय कुक्कुट विज्ञान संघ (IPSA), भारत द्वारा अध्येता फेलो ख्याति प्राप्तकर्ता हैं। वह मांस विज्ञान से संबंधित अंतरराष्ट्रीय ख्याति के तीन वैज्ञानिक पत्रिकाओं में सहयोगी संपादक के रूप में कार्य कर रहे हैं।

डॉ. प्रणव चौहान का जन्म 1990 में आजमगढ़, उत्तर प्रदेश में हुआ। इन्होंने 2014 में नागपुर वेटरनरी कॉलेज, माफसू, नागपुर से पशु चिकित्सा विज्ञान और पशुपालन (बी.वी.एससी. एंड ए.एच) में स्नातक, भारतीय पशु चिकित्सा अनुसंधान संस्थान (आईवीआरआई), इज्जतनगर के पशुधन उत्पाद प्रौद्योगिकी (LPT) से एम.वी.एससी (MVSc) (2016) और पीएचडी (PhD) (2019) में उपाधि प्राप्त किया है। डॉ. चौहान ने

महाराष्ट्र पशु एवं मत्स्य विज्ञान विश्वविद्यालय (माफसू), नागपुर से पशु चिकित्सा विज्ञान और पशुपालन (बीवीएससी एंड एएच) के स्नातक में उच्चतम सीजीपीए (CGPA) के लिए 2–गोल्ड मेडल और, 5–सिल्वर मेडल प्राप्त किया है। भारतीय कृषि अनुसंधान परिषद (आईसीएआर) द्वारा राष्ट्रीय प्रतिभा फैलोशिप (NTS) 2009, आईसीएआर–जेआरएफ (पीजी) पशु विज्ञान 2014 में एआईआर (AIR) 2 वीं रैंक, आईसीएमआर–एसआरएफ में 1 वीं रैंक के साथ अर्हता, और आईसीएमआर नई दिल्ली–जूनियर रिसर्च फेलोशिप (जेआरएफ) प्राप्त किया है। डॉ. चौहान ने कई लेखों का प्रकाशन किया हैं, जिनमें 12 शोध पत्र और 4 पुस्तक अध्याय और 30 से अधिक अन्य लोकप्रिय लेख और राष्ट्रीय और अंतर्राष्ट्रीय वैज्ञानिक संगोष्ठी और सम्मेलनों में कई शोध पत्र सार शामिल हैं। उन्हें दो सर्वश्रेष्ठ शोध पत्र प्रस्तुति पुरस्कार मिले हैं। वे भारतीय मांस विज्ञान संघ, पशु चिकित्सा सार्वजनिक स्वास्थ्य विशेषज्ञों के भारतीय संघ और भारतीय कुक्कुट विज्ञान संघ के आजीवन सदस्य हैं।

प्रस्तावना

भारत में विभिन्न समुदायों के बीच सांस्कृतिक, जातीय, और परंपराओं में विविधता के कारण, स्वदेशी मांस उत्पादों की एक बड़ी विविधता का उदय हुआ है। जैसे कि भारत के पारंपरिक मांस उत्पादों पर आधारित साहित्य या उनके दस्तावेजीकरण की उपलब्धता कम है। हमारे ज्ञानाधार के अनुसार कोई एक भी शीर्षक दस्तावेज उपलब्ध नहीं है जो वैज्ञानिक रूप से भारत के स्वदेशी मांस उत्पादों पर आधारित हो, इसलिए इस पुस्तक से यह अंतर भरने की उम्मीद है। इस पुस्तक को संकलित करके भारत के स्थान विशेष पर आधारित विभिन्न स्वदेशी मांस उत्पादों से एकत्र की गई जानकारियों और वैज्ञानिक क्षेत्रों में उपलब्ध शोध लेख साहित्यों के आधार पर तैयार किया गया है। इसके अलावा, हमारे लंबे समय तक इस क्षेत्र में काम करने से प्राप्त अनुभव, ज्ञान और विशेषज्ञता का उपयोग किया गया है, तथा पुस्तक का शीर्षक वैज्ञानिकों और घरेलू उपयोगकर्ताओं दोनों के अनुकूल है। शीर्षक में ऐसे उत्पादों के प्रसंस्करण तकनीक, नुस्खा, अनुमानित पोषण, भंडारण जीवन और संवेदी पहलुओं से सम्बंधित तथ्य शामिल हैं।

दुनिया में भारत पारंपरिक मांस उत्पादों के सबसे बड़े भंडार में से एक होने का दावा अपनी सांस्कृतिक, भाषायी, जातीय विविधता के कारण, स्थानीय रूप से विकसित कच्चे सामग्री की प्रचुर मात्रा में उपलब्धता (जानवर, मसाले, जड़ी–बूटी आदि), जलवायु और भौगोलिक रूप से देश के विभिन्न क्षेत्रों/राज्यों में अंतर के कारण कर सकता है । ऐसे सभी उत्पादों को एक शीर्षक में शामिल करना संभव नहीं है, लेकिन देश के विभिन्न क्षेत्रों के लोकप्रिय उत्पादों (लगभग 60), जैसा कि पहले कहा गया है, उनके विवरण के साथ प्रस्तुत किया गया है।

सामान्य बाबर्ची पुस्तकें जो मूल रूप से मुख्य और भावुक रसोइयों द्वारा लिखी जाती है, के विपरीत यह पुस्तक सामग्री प्रस्तुत करने के दृष्टिकोण में अंतर के कारण पूरी तरह से एक अलग शीर्षक है। यह एक वैज्ञानिक लेखन और बाबर्ची किताब लेखन का समामिलन है जो खाद्य सेवा उद्योगों, खाद्य विज्ञान और प्रौद्योगिकी प्रयोगशालाओं, खाद्य प्रसंस्करण उद्योगों, विदेशी और विशेष उत्पादों को पकाने में रुचि रखने वाले लोगों के लिए उत्पादों के तैयारी में काम करने वाले लोगों के लिए उपयोगी होगी। साथ ही खाद्य उत्पादों के विकास और विपणन में लगे लोग भी इस शीर्षक को एक उपयोगी संदर्भ के रूप में पाएंगे। दुनिया में वैश्वीकरण के चलते प्रवासी भारतीयों का व्यापक देशान्तरण हुआ है जो इस शीर्षक को अपने लिए उपयोगी पा सकते हैं। इसके अलावा, भारत के पारंपरिक मांस उत्पादों के विशेष स्वाद के कारण अन्य देशों में भी स्वदेशी मांस उत्पादों की मांग बढ़ रही है। इसलिए, यह पुस्तक भारतीय उपमहाद्वीप के साथ ही दुनिया के अन्य हिस्सों में लोगों के लिए उपयोगी होने की आशा है।

लेखक

विषय सूची

अध्याय 1

मांस और मांसाहार की मूल बातें

1. परिचय

अधिकांश समाज के भोजनसूची योजन में मांस प्रमुख स्थान पाता है। वर्षों में मांस पकवान अपने अनूठे स्वाद के साथ–साथ मांस व्यंजनों की एक बड़ी विविधता विकसित किया है। उपभोक्ताओं के बीच स्वादिष्ट खाद्य पदार्थों की बढ़ती माँगों को पूरा करने के लिए दुनिया के सभी रसोइये अपने पाक कौशल का उपयोग करके, अब हर समय नए मांस व्यंजनों का आविष्कार कर रहे हैं। विभिन्न प्रकार के खाना पकाने के तरीकों का उपयोग करके दशकों से पाक प्रथाओं के माध्यम से पारंपरिक रसोइयों द्वारा अनेक स्वदेशी मांस पकवान को विकसित किया गया है। इस पुस्तक में हमने कुछ महत्वपूर्ण मांस उत्पादों की तैयारियों को प्रस्तुत करने का प्रयास किया है जो भारतीय उप–महाद्वीप में बहुत लोकप्रिय हैं।

एक भोजन के रूप में मांस का मानव आहार में बेहद मांग है, क्योंकि इसकी उच्च स्वादिष्टता (स्वाद, रस, कोमलता आदि), अत्यधिक जैव–उपलब्ध पोषक तत्व, आसानी से पाचन और एक समग्र आनंद के साथ स्वादिष्ट मांस पकवान खा सकते हैं। लेकिन एक भोजन के रूप में मांस पकवान इन सभी मापदंडों के साथ निम्नलिखित कारकों पर निर्भर करता है:

- किस जानवर/पक्षी की प्रजाति से मांस प्राप्त किया गया है,
- यह खाना पकाने से पहले कैसे संभाला और संग्रहित किया गया है,
- यह उपभोक्ताओं को परोस देने से पहले कैसे पकाया गया है।

इसलिए यह अनिवार्य हो जाता है कि, किसी भी रूप में मांस व्यापार, मांस विशेषताओं, हैंडलिंग, भंडारण, मांसाहार तैयारियों और मांस खाना पकाने में लगे हुए लोगों को मांस के विभिन्न पहलुओं पर एक बुनियादी ज्ञान होना चाहिए।

2. मांस की गुणवत्ता

खाने की गुणवत्ता

- ताजा/ताजे मांस के लक्षण – यह मुख्य रूप से रंग, बनावट, स्थिरता, वसा/वसा कवर, गंध/सुवास की उपस्थिति है। ये सभी विशेषताएं मूल्य सहित मांस की खरीद को प्रभावित करती हैं।
- लेकिन पके हुए मांस में यह कोमलता/टेंडर, बनावट/टेक्सार, स्वाद, मांस का रस के बारे में है और कभी–कभी चबाने की क्रिया महत्वपूर्ण होती है जो मांस खाते समय संतुष्टि प्रदान करती हैं।
- ये सभी खाने की गुणवत्ता मांस की संरचना, शारीरिक स्थिति और मांस की हैंडलिंग मापदंडों से प्रभावित होती है।
- लीन/बिना चर्बी का मांस मुख्य रूप से लगभग 75% नमी या पानी, 18–20% प्रोटीन, 3–5% वसा/लिपिड और 1% खनिज अवयव से बना होता है। सबसे चर घटक चर्बी है और जो खाने की गुणवत्ता को कई तरीकों से प्रभावित करता है।
- प्रोटीन और खनिज पदार्थ लगभग स्थिर रहते हैं लेकिन मांस की वसा धारण, नमी/पानी की मात्रा के साथ भिन्न होती है। मांस में अधिक वसा का मतलब नमी कम और इसके विपरीत होता है। पके हुए मांस में नमी और वसा अवधारण बहुत महत्वपूर्ण है क्योंकि ये रस और स्वाद संबंधित है।

मांस–रंग

- उपभोक्ताओं द्वारा उत्पाद की स्वीकृति पर तैयार उत्पाद के रंग का गहरा प्रभाव पड़ता है। ताजा मांस बिक्री में और खरीद निर्णय पर भी मांस का रंग एक महत्वपूर्ण भूमिका निभाता है।
- उपभोक्ता चमकीले लाल रंग के साथ ताजा मांस पसंद करते हैं, मांस के चमकीले लाल रंग को 'ब्लूम' कहते हैं जो मांस के वर्णक मायोग्लोबिन का ऑक्सीमोग्लोबिन में रूपांतरण के कारण मांस में विकसित होता है जिसके लिए मांस की सतह पर प्रचुर मात्रा में है ऑक्सीजन की आपूर्ति आवश्यक है।
- मांस के भंडारण के दौरान, रंग में परिवर्तन मुख्य रूप से वर्णक की रासायनिक अवस्था में परिवर्तनों के कारण होता है, मायोग्लोबिन जो भूरा

(मेटीमोग्लोबिन) या यहां तक कि लंबे समय तक भंडारण के कारण हरे रंग का भी (सल्फा हीमोग्लोबिन) बदल सकता है।

- वर्णक मायोग्लोबिन की स्थिति में परिवर्तन, भंडारण तापमान, ऑक्सीजन की उपलब्धता और ऊतक पोस्टमार्टम उपापचय पर निर्भर करता है।
- आमतौर पर पके हुए मांस की दिखावट रंग में भूरी होती है, जो इसके लाल वर्णक को भूरे रंग में खाना पकाने के दौरान और रासायनिक प्रतिक्रिया और परिवर्तन बदलने के कारण है।
- मांस रंग को उपयुक्त अनुमेय योजक लागू करके संशोधित किया जा सकता है, जैसा कि विभिन्न मांस तैयारियों में देखा जाता है। उदाहरण के लिए, सोडियम नाइट्राइट (जायज सीमा पर) उपयोग करके, गुलाबी मांस (हैम, बेकन, कुछ सॉसेज आदि) के गुलाबी रंग प्राप्त किए जाते हैं।

बनावट और मुलायमता

- मांस की मुलायमता का अर्थ है, मांस का लचीलापन। भोजन करते समय कितनी आसानी से मांस को चबाकर निगल लिया जाता है, से यह इंगित किया गया है। जानवर की आयु, कोमलता और बनावट के लिए महत्वपूर्ण कारक है तथा जानवर के विभिन्न हिस्सों से प्राप्त मांस भी कोमलता में भिन्न होती है।
- जानवर की उम्र जैसे–जैसे बढ़ती है, मांस की बनावट में मांसपेशी फाइबर का व्यास भी बढ़ता जाता है तथा मुलायमता घटती जाती हैं। छोटे मांसपेशी फाइबर व्यास वाला मांस उत्कृष्ट बनावट देता है।
- प्रोटीन की स्थिति मांस की बनावट और कोमलता का निर्धारण करने में महत्वपूर्ण है। विभिन्न मांसपेशी प्रोटीनों के बीच, के संयोजी ऊतक प्रोटीन (टेंडन/पट्टा, स्नायुबंधन, प्रावरणी और आंतरिक मांसपेशी संरचना में मौजूद) मांस की कठोर पृष्ठभूमि को निर्धारित करता है।
- रसोइये परिपक्व/पुराने जानवर मांस से मांस का व्यंजन खाना बनाते समय इसके चीमड़पन/कठोरता को दूर करने और मांस का व्यंजन बनाने के लिए विभिन्न मैरिनड का उपयोग करते हैं।

विशिष्ट सुगंध

- विशिष्ट सुगंध, स्वाद और गंध की संयुक्त अनुभूति है। खाने के दौरान मांस का सुखद स्वाद, लार और गैस्ट्रिक रस के स्राव को उत्तेजित करता है और इस प्रकार बेहतर पाचन में मदद करता है।

- मांसपेशी, संयोजी ऊतक में कई यौगिक मौजूद होते हैं और जो मांस वसा गर्म होने पर स्वाद यौगिकों को उत्पन्न करता है, उनके बीच कई तरह के स्वाद पैदा होते हैं।
- मांस की जरणउम्र बढ़ने के दौरान (प्रशीतन के नीचे), यौगिकों जैसे पेशी एटीपी (एडेनोसिन ट्राई–फास्फेट) टूटना स्वाद का उत्पादन करता है। पका हुआ मांस का स्वाद, मांस को पकाने के दौरान मौजूद विभिन्न यौगिकों के बीच रासायनिक प्रतिक्रिया और परिवर्तन के कारण उत्पन्न होता है।

कच्चे मांस के उपस्थिति संवेदी लक्षण जैसे दिखावट, रस, बनावट और कोमलता जिन्हें आवश्यक संवेदी/खाने की गुणवत्ता के गुणों के रूप में माना जाता है, जो कि पके हुए मांस की गुणवत्ता निर्धारण के लिए महत्वपूर्ण कारक हैं। मांस के खाने की गुणवत्ता की विशेषताओं को समझने के लिए संवेदी लक्षण, पीएच (अम्लता या क्षारीयता), जल धारण क्षमता, रंग, बनावट और कोमलता, स्वाद और रस के मामले शामिल हैं, जिन्हें कुछ विस्तृत चर्चा की आवश्यकता होती है।

तकनीकी गुणवत्ता की विशेषताएँ

पीएच (pH)

किसी भी विलयन या सब्सट्रेट का पीएच इसकी अम्लता या क्षारीयता को दर्शाता है। सामान्य जीवित मांसपेशियों में, पीएच लगभग 7.2 होता है। मांस–खाद्य जानवरों के वध के बाद मांसपेशियों का पीएच 5.5–5.6 तक कम हो जाता है, जो कि मुख्य रूप से लैक्टिक एसिड के संचय के कारण होता है, क्योंकि ग्लाइकोजन का लैक्टिक एसिड में रूपांतरण होता है। मांसपेशियों की में यह जैव रासायनिक प्रतिक्रिया मांसपेशियों में ग्लाइकोजन संगृहीत/रिजर्व जैसे विभिन्न कारकों पर निर्भर करती है, जैसे कि तापमान जिस पर शव रखा होता है, और एंजाइम जो कि ग्लाइकोजन के लैक्टिक एसिड में रूपांतरण में शामिल होते हैं। सामान्य तौर पर, वध के बाद 6 से 8 घंटे के भीतर 7.2 से लगभग 5.6 से 5.7 के बीच मांसपेशियों के पीएच की क्रमिक कमी होती है और फिर वध के बाद 24 घंटे (ठंडा तापमान पर) के भीतर 5.4–5.6 के आसपास पीएच आ जाता है और इस अंतिम पीएच को मांस विज्ञान में 'परम पीएच/अंतिम पीएच' के रूप में कहा जाता है। कुछ शवों में पीएच गिरावट नगण्य होती है और अंतिम पीएच लगभग 6.5 से 6.8 तक रहता है जो मुख्य रूप से मांसपेशियों में ग्लाइकोजन रिजर्व की कमी और वध से पहले जानवरों के लिए कुछ पुराने तनाव कारकों के कारण होता है। उच्च पीएच वाले

इस तरह के मांस को शव के मामले में 'डार्क/गहरे रंग का, कठोर और सूखा/डार्क, फर्म, ड्राई (DFD) मांस या डार्क कटिंग बीफ' कहा जाता है।

एक अन्य स्थिति में, जिसमें पीएच एक घंटे के भीतर या वध करने के बहुत तेजी से 5.4 से 5.5 तक गिर सकता है, जबकि मांसपेशियों का तापमान अभी भी उच्च और 35°C से ऊपर है। ऐसी परिस्थितियों में, मांसपेशियों के प्रोटीन के गुणों में परिवर्तन के कारण, मांस पानीदार हो जाता है और एक पीला, बदसूरत रंग लेता है, स्थिरता में नरम हो जाता है और स्वाद की कमी होती है। इस तरह के मांस में लगभग 5.2 से 5.3 के बीच का एक परम पीएच होता है और इसे ''पीला, नरम, पानीदार/एक्सयूडेटिव (पीएसई) मांस'' कहा जाता है जो सूअरों में सबसे आम है। ये दोनों स्थितियां मांस की गुणवत्ता को प्रभावित करती हैं और खाद्य– मांस जानवरों या मांस के जानवरों के पूर्व वध प्रबंधन में वैज्ञानिक सिद्धांतों का पालन करके और वध प्रक्रियाओं के दौरान उचित देखभाल और हैंडलिंग से इससे बचा जा सकता है।

जल धारण क्षमता (WHC)

हम जानते हैं कि सामान्य मांस में लगभग 75% पानी (नमी) होता है और यह पानी मांस के गुणवत्ता मापदंडों के निर्धारित करने में महत्वपूर्ण भूमिका निभाता है। काटने, पीसने, दबाने, गर्म करने आदि की प्रक्रियाओं के दौरान अपने स्वयं के पानी को बनाए रखने की मांस की क्षमता को 'जल धारण क्षमता' के रूप में जाना जाता है। मांस के कुछ भौतिक गुण जैसे रंग, रस, बनावट और टेंडर/कोमलता मांस के WHC से आंशिक रूप से प्रभावित होते हैं। निम्न/खराब WHC वाला मांस भंडारण दौरान अपनी सतह से अधिक पानी खो देता है और जो कि नरम, एक ढीली संरचना और गीला या दानेदार बनावट है। सॉसेज, नगेट्स, बॉल्स, पैटीज आदि जैसे अन्य प्रसंस्कृत मीट उत्पादों की यील्ड/उपज और गुणवत्ता काफी हद तक WHC पर निर्भर करती है क्योंकि इनके प्रसंस्करण के दौरान मीट को पीसने, मिश्रण, पायसीकरण, हीटिंग और अन्य प्रसंस्करण प्रक्रियाओं के जरिए से किया जाता है। पके हुए मांस में नमी और वसा प्रतिधारण बहुत महत्वपूर्ण है क्योंकि वे रस और स्वाद जैसे महत्वपूर्ण पैलेटेबिलिटी मापदंडों से संबंधित हैं। सामान्य तौर पर, उच्च WHC वाला मांस, कम WHC रखने वाले मांस की तुलना में रसीला मांस उत्पादों रसदार/जूसियर उत्पादों को पैदा करता है। इसके अलावा, वध के बाद मांसपेशियों में पीएच ड्रॉप की दर और सीमा दोनों मांस के जल धारण क्षमता (WHC) को प्रभावित करते हैं। एक उच्च पोस्टमार्टम मांसपेशी पीएच का परिणाम

उच्च जल धारण क्षमता (WHC) के साथ मांस में होता है, जबकि, जब प्रारंभिक पोस्टमार्टम के दौरान पीएच तेजी से गिरता है तो कम जल धारण क्षमता (WHC) परिणाम मांस की गुणवत्ता को प्रभावित करता है।

मांस रंग

ताजा मांस की बिक्री में, रंग खरीदने के निर्णय एक महत्वपूर्ण भूमिका निभाता है। आम/सामान्य व्यक्ति आमतौर पर किसी भी ताजा मांस के रंग को लाल बताता है, हालांकि विभिन्न प्रजातियों के जानवरों से प्राप्त मांस के विशिष्ट रंग में अंतर होता है। मायोग्लोबिन, हीमोग्लोबिन, केटालेज और साइटोक्रोम एंजाइम चार वर्णक/ पिगमेंट हैं जो ताजे मांस के लिए लाल रंग का गुण विशेषता रखते हैं। मायोग्लोबिन चार रंजकों में से एक है, जो मांस के रंग के लिए जिम्मेदार प्रमुख रंजक हैं। एक अच्छी तरह से खून निस्तारण वाले शवों में कुल रंजक का 80–90(%) प्रतिशत योगदान हीमोग्लोबिन के बाद मायोग्लोबिन द्वारा होता है, जबकि, केटालेज और साइटोक्रोम एंजाइम मांस के रंग में बहुत मामूली योगदान देते हैं। मांस का रंग न केवल मायोग्लोबिन की मात्रा पर निर्भर करता है, बल्कि मायोग्लोबिन के रासायनिक अणु स्थिति पर भी निर्भर करता है। उपभोक्ता चमकीले लाल रंग को पसंद करते हैं, जिसे 'ब्लूम' कहा जाता है, जो मांस में पिगमेंट मायोग्लोबिन को ऑक्सीमोग्लोबिन में बदलने के कारण विकसित होता है, जिसके लिए मांस की सतह पर ऑक्सीजन की प्रचुर आपूर्ति की आवश्यकता होती है। मांस के बाद के भंडारण पर, रंग में परिवर्तन मुख्य रूप से मायोग्लोबिन की रासायनिक स्थिति में परिवर्तन के कारण होता है जो भूरा हो सकता है (मेटीमोग्लोबिन) या लंबे समय तक भंडारण कारण, यहां तक कि हरे रंग में (सल्फीमोग्लोबिन) में हो सकता है। मायोग्लोबिन की स्थिति में ये सभी परिवर्तन भंडारण के तापमान, ऑक्सीजन की उपलब्धता और पोस्टमार्टम ऊतक चयापचय पर निर्भर करते हैं।

सामान्य वायुमंडलीय परिस्थितियों में मांस वर्णक, ऑक्सीमोग्लोबिन रहता है, स्थिर और आसानी से मेटीमोग्लोबिन में परिवर्तित नहीं होता है। हालाँकि, जब काम मात्रा में ऑक्सीजन उपलब्ध होता है, तो ये मेथेमोग्लोबिन का निर्माण करते हैं, जैसा कि हम आंशिक वैक्यूम में या सील किए गए अर्ध–पारगम्य पैकेटबंद बीट्स में पाते हैं। ऑक्सीमोग्लोबिन की स्थिरता ऑक्सीजन की निरंतर आपूर्ति पर निर्भर करती है क्योंकि इस तरह के ऊतक में एक तेज दर से उपापचय के लिए जिम्मेदार एंजाइम उपलब्ध ऑक्सीजन का उपयोग करते हैं। ये एंजाइम मांस के तापमान और पीएच में वृद्धि के साथ अधिक सक्रिय हो जाते हैं। इसलिए, सक्रिय एंजाइम

और ऑक्सीजन के उपयोग की दर को कम करने के लिए मांस का भंडारण तापमान हिमांक बिंदु (0 से –1°C) के पास होना चाहिए, जो कि लंबे समय तक ताजे मांस के चमकीले लाल रंग को बनाए रखने में मदद करता है।

पका हुआ मांस भूरा या ग्रे दिखाई देता है जो कि सामान्य उपभोक्ताओं की सामान्य उम्मीद है और यह कच्चे मांस में मायोग्लोबिन/ऑक्सीमोग्लोबिन का मेटीमोग्लोबिन रूपांतरण के कारण है जो कि गर्मी और अन्य ऑक्सीकरण प्रक्रियाओं में मांस पकने की कार्रवाई से आता है। अपवाद में क्योर किए गए मांस उत्पाद (हैम, बेकन आदि) शामिल हैं जो क्योर की प्रक्रिया के दौरान क्योर किए गए मांस के रंगद्रव्य के वांछनीय गुलाबी रंग उत्पादन के कारण हैं। इसी प्रकार रोस्टरों, स्टेक, तंदूरी चिकन और कुछ कबाबों का सुनहरा भूरा रंग शुष्क गर्मी में खाना पकाने और ऐसे उत्पादों में कुछ मैरीनड के उपयोग की क्रिया द्वारा निर्मित होता है। किसी भी पके हुए मांस उत्पाद की रंगद्रव्य उपस्थिति का उपभोक्ता की संतुष्टि पर महत्वपूर्ण प्रभाव पड़ता है जिसे विभिन्न मांस उत्पादों को प्रसंस्करण प्रक्रियाओं में या तैयार करते समय ध्यान में रखना होता है।

बनावट और मुलायमता

विशेष रूप से विकसित देशों में जहां मांस मेनू योजना में एक केंद्रीय भूमिका निभाता है वहाँ मांस की बनावट और मुलायमता को, सभी संवेदी विशेषता में सबसे महत्वपूर्ण माना जाता है। इसके विपरीत विकासशील देशों में जहां मांस उत्पाद अनाज के साथ मुख्य भोजन के साथ साइड डिश के रूप में खाई जाती है। मांस की इस तरह की बनावट को मांसपेशी फाइबर बंडलों के आकार के एक कार्य के रूप में माना जाता है जो कि एक संयोजी ऊतक द्वारा एक दूसरे से ढंके और अलग होते हैं, जिसे पेरिमिसियम के रूप में जाना जाता है। मांसपेशी फाइबर बंडलों के आकार और प्रत्येक बंडल के चारों ओर परिधीय संयोजी ऊतक की मात्रा, दोनों ही मांस की बनावट निर्धारित करती है जिसे 'मोटे'/'अपरिष्कृत' या 'उत्कृष्ट' बनावट के रूप में वर्णित किया गया है। मांसपेशी फाइबर बंडल का उच्च आकार और संयोजी ऊतक की मात्रा 'मोटे' बनावट और इसके विपरीत है। उपभोक्ता ठीक बनावट और नरम/टेंडर मांस पसंद करते हैं।

मांस व्यंजनों का भोजन करते समय उपभोक्ता के तालु पर कोमलता में बनावट, की समग्र प्रभाव और कुछ विशिष्ट पहलू शामिल हैं, जैसे– (i) जीभ और गाल पर मांस व्यंजनों की कोमलता का एहसास, (ii) दांतों द्वारा पके मांस में प्रवेश

की प्रारंभिक आसानी, (iii) सहजता जिसके साथ मांस टुकड़े में टूट जाता है और (iv), चबाने के बाद शेष अवशेष संयोजी ऊतक की मात्रा।

इसलिए, यह स्वयंसिद्ध माना गया है कि मांस में मौजूद संयोजी ऊतक (मुख्य रूप से कोलेजन) मांस की पृष्ठभूमि की कठोरता में योगदान देता है। एक अन्य प्रकार की कठोरता यानी जानवरों के वध के बाद प्रमुख मांसपेशी प्रोटीन एक्टिन और मायोसिन के बीच अपरिवर्तनीय जटिल (क्रॉस ब्रिज) एक्टोमीसिन की कठोरता के गठन के कारण है। लेकिन कुछ दिनों के लिए शवों के 'अनुकूलन' या 'कंडीशनिंग'/'एजिंग' के बाद मांस के स्वाद, रस और कोमलता में सुधार होता है, जो कि अंतर्निहित बायोकेमिकल परिवर्तनों के कारण होता है जो मांसपेशियों में मौजूद विभिन्न एंजाइम प्रणालियों द्वारा पोस्टमार्टम मांसपेशियों में लाया जाता है। इसीलिए एजेड/कंडीशन बीफ या मटन का स्वाद अन–एजेड या अन–कंडीशन बीफ या मटन से बेहतर होता है।

विशिष्ट सुगंध/स्वाद और रस

विशिष्ट गंध की अनुभूति और संवेदना, स्वाद तथा घ्राण का संयोजन है जो कि मांस खाते समय उपभोक्ताओं द्वारा स्वाद और घ्राण (गंध) अनुभव की जाने वाली अनुभूति है। नमक, मिठास, कड़वाहट, खटास और नमी जैसे खाद्य पदार्थों के पाँच मूल स्वाद जो हम अपने जीभ की सतह पर स्वाद कलियों के कारण महसूस कर सकते हैं, जो कि किसी भी भोजन के स्वाद की संवेदना को निर्धारित करने में एक महत्वपूर्ण भूमिका निभाती है। मांस और मांस के रस में कई प्रकार के यौगिकों द्वारा विशिष्ट मांसाहार स्वाद और सुगंध का योगदान दिया जाता है। यह माना जाता है कि खाना पकाने के दौरान मांसपेशियों के कई घटक, संयोजी ऊतक और मांस लिपिड को स्वाद के यौगिकों के रूप में परिवर्तन हो जाता है।

स्वाद और कोमलता के साथ, मांस उत्पादों की रसदारता एक महत्वपूर्ण पैलेटेबिलिटी विशेषता है जो मांस उत्पादों की समग्र स्वीकार्यता निर्धारित करते हैं। मांस के दो घटक, मांस में बरकरार रखा पानी और इंट्रामस्क्युलर वसा (मार्बलिंग) ज्यादातर पके हुए मांस के रस के लिए जिम्मेदार होते हैं, और उन्हें बनाए रखा जाता है। जैसा कि पहले चर्चा की गई थी, कि पके हुए मांस में पानी की अवधारण इसकी जल धारण क्षमता निर्भर करती है। पानी और पिघला हुआ वसा एक साथ पके हुए मांस में शोरबा बनाते हैं और चबाने पर मुंह में निकल जाते हैं जो रस की अनुभूति देता है। इसके अलावा, विभिन्न स्वाद वाले यौगिकों से युक्त यह शोरबा

लार के प्रवाह, और अधिक प्रवाह को उत्तेजित कर सकता है जो मांस खाते समय रस की रसदारता में और सहायता करता है।

3. मांस का देख–भाल, भंडारण और खाद्य सुरक्षा प्रणाली

मांस निगरानी प्रणाली व उचित देख–भाल के तरीके

- वध से पहले पशु/पक्षियों और इनके शव को उचित देख–भाल संभालना, वहाँ से प्राप्त मांस की गुणवत्ता बनाए रखने के लिए भी उतना ही महत्वपूर्ण है।
- दुनिया भर में मांस उद्योग, पशु चिकित्सकों द्वारा आयोजित वध से पहले/पूर्व और पोस्टमार्टम स्वास्थ्य परीक्षण जाँच, के माध्यम से स्पष्ट रूप से स्वस्थ जानवरों/पक्षियों का चयन करते हैं ताकि केवल रोग मुक्त मांस खाद्य आपूर्ति श्रृंखला में प्रवेश करे।
- जब हम जानवरों को वध से पहले लंबी अवधि के तनाव से पीड़ित रखते हैं तो डार्क बीफ या डीएफडी (डार्क, फर्म, ड्राई) मांस हमें मिलता है। वध के ठीक पहले तनाव के कारण PSE (पीला, मुलायम, स्त्रावी) मांस पोर्क में अत्यधिक प्रचलित है। इन दोनों स्थितियों से जानवरों/पक्षियों को उचित उचित देख–भाल से बचाया जा सकता है।
- वध और ड्रेसिंग के बाद, मांस में वांछनीय परिवर्तित करने के लिए जैव रासायनिक प्रतिक्रियाओं को लेने की अनुमति देने की प्रक्रिया, शवों को चिलिंग के अंतर्गत किया जाता है। इसे मांस में परिवर्तित करने के लिए किया जाता है जिसे आमतौर पर शवों की 'अनुकूलन' या 'कंडीशनिंग' या 'एजिंग' के रूप में जाना जाता है।
- एक अवांछनीय घटना से बचने के लिए तापमान में धीरे–धीरे कमी की आवश्यकता होती है जिसे 'कोल्ड शॉर्टनिंग'/''ठंडा छोटा'' कहा जाता है जिसमें मांस 'एक्टोमीसिन' के निर्माण के कारण बहुत कठोर हो जाता है। वध के बाद शवों के 'विद्युत उत्तेजना' का उपयोग करके समस्या का समाधान किया जाता है।
- उचित 'चिलिंग' और 'एजिंग' के बाद, व्यापार आवश्यकताओं के अनुसार शव आधा या क्वार्टर के रूप में विभिन्न थोक बिक्री और खुदरा बिक्री के लिए काटा जाता है तथा पैकेजिंग, भंडारण और बाद की विपणन प्रक्रिया के लिए

जाने से पहले विशेषज्ञ श्रमिकों द्वारा कटौती (डिबोनिंग) से हड्डियों को हटा दिया जाता है।

- मांस में माइक्रोबियल वृद्धि या सूक्ष्म–जीव विकास को नियंत्रित करने के लिए डेबोनिंग और पैकेजिंग कमरे (लगभग 15°C) को नियंत्रित तापमान में किया जाता है।

भंडारण प्रणाली के तरीके

- आमतौर पर ताजा मीट द्रुतशीतन/चिलिंग (0 से 4°C) या हिमीकरण (–18 से –24°C) के तहत संग्रहित किया जाता है।
- द्रुतशीतन/चिलिंग एक अल्पकालिक भंडारण प्रक्रिया है लेकिन विभिन्न पैकेजिंग सिस्टम (शून्यक/वैक्यूम पैकेजिंग, संशोधित वातावरण पैकेजिंग आदि) से 3 से 4 सप्ताह में ठंडा मांस के स्व–आयु/शेल्फ–लाइफ का विस्तार करने में मदद मिल सकती है।
- हिमीकरण हुए मांस को 3–6 महीनों की लंबी अवधि के लिए संग्रहित किया जा सकता है जो कि पशु/पक्षी की प्रजातियों पर जिसमें से मांस प्राप्त है तथा इसके भंडारण की स्थिति पर निर्भर करता है।
- यह भंडारण के दौरान किसी भी तापमान में बिना उतार–चढ़ाव के इष्टतम भंडारण तापमान (द्रुतशीतन/चिलिंग या हिमीकरण) को बनाए रखना, मांस की तैयारी में शामिल रसोइया/लोगों का प्राथमिक कर्तव्य है, जो संग्रहित मांस के भौतिक और माइक्रोबियल गुणवत्ता को प्रभावित कर सकता है।
- मांस अपनी वसा सामग्री के कारण बाहरी गंध को अवशोषित करता है, इसलिए, यह मजबूत गंध वाले अन्य खाद्य पदार्थों (जैसे कि लहसुन, कुछ फल आदि) के साथ संग्रहित नहीं किया जाना चाहिए।

खाद्य सुरक्षा और मांस स्वच्छता प्रणाली

- मांसाहार से संबंधित खाद्य विषाक्तता और अन्य स्वास्थ्य समस्याओं पर रिपोर्टें हैं जो ये मुख्य रूप से मानवीय गलतफहमी की, मानवीय त्रुटियों, कच्चे और पके हुए मांस का उचित भंडारण नहीं करना और निश्चित रूप से अध–पका खाना, खाने और पकाने में अस्वस्थता की स्थिति और गंदा सेवन क्षेत्र स्थिति के कारण होते हैं।

- खाद्य सुरक्षा और मांस स्वच्छता सुनिश्चित करने के लिए, बूचड़खानों में स्वच्छ प्रथाओं का सबसे ज्यादा महत्व है। स्वस्थ पशुओं का चयन करने के अलावा, वैज्ञानिक वध प्रक्रियाओं, कर्मियों और पर्यावरणीय स्वच्छता से शवों के न्यूनतम प्रदूषण को सुनिश्चित करने के लिए आवश्यकता है।
- उच्च प्रशिक्षित कर्मियों, ओवरहेड रेल सिस्टम सहित आधुनिक मशीनरी का उपयोग आधुनिक बूचड़खाने में इस उद्देश्य के लिए किया जाता है। कच्चे मांस की गुणवत्ता सुनिश्चित करने के लिए ऐसे कई बूचड़खानों में एचएसीसीपी (HPCC) (हैजर्ड एनालिसिस क्रिटिकल कंट्रोल पॉइंट्स), जीमपी (GMP) (गुड मैन्युफैक्चरिंग प्रैक्टिस) का अनुपालन अनिवार्य है।
- यूएसडीए (संयुक्त राज्य कृषि विभाग) ने बीफ शवों के प्रदूषण को कम करने के लिए दो तरीकों को मंजूरी दी है। 'स्टीम वैक्यूम विसंक्रमण' (88°C पर पानी, 45 पीसाई पर वैक्यूम और स्टीम का उपयोग करके) और 'स्टीम विसंक्रमण' (पशुमांस शवों को एक कम दबाव वाली भाप सीलबंद कक्ष से 8 सेकंड के लिए 85°C गुजारा जाता है), जो कि पशुमांस शवों और खाद्य विषाक्तता बैक्टीरिया, विशेष रूप (ई. कोलाई. 0157 : H7) के प्रदूषण को कम करने के लिए किया जाता है।

सुरक्षित भोजन तैयार करने के महत्वपूर्ण नियम

विश्व स्वास्थ्य संगठन (डब्ल्यूएचओ) ने सुरक्षित भोजन तैयार करने के लिए निम्नलिखित महत्वपूर्ण नियम का निर्धारण किया है जो समान रूप से मांस–भोजन भी लागू होते हैं :

1. चुनें प्रसंस्कृत खाद्य पदार्थ के सुरक्षा के लिए, जैसे कि विकिरणित पोल्ट्री, स्टीम–पाश्चुरीकरण/जीवाणु–नाशन है
2. खाना अच्छी तरह पकाएं
3. पका हुआ भोजन तुरंत खाएं
4. पके हुए खाद्य पदार्थों को ध्यान से संग्रहित करें
5. पके हुए खाद्य पदार्थों को अच्छी तरह से गर्म करें
6. रसोई या सेवन क्षेत्र भोजन में कच्चे और पके खाद्य पदार्थों के बीच संपर्क से बचें
7. बार–बार हाथ धोना बहुत जरूरी है

8. सभी रसोई सतहों को सावधानीपूर्वक साफ रखें
9. खाद्य पदार्थों को कीड़े, कृन्तकों और अन्य जानवरों से संरक्षित किया जाना चाहिए
10. स्वच्छ पीने योग्य पानी का उपयोग करें

4. मांस पकाना / मांस पाकशास्त्र

किसी भी मांस उत्पाद की समग्र स्वीकार्यता को निर्धारित करने के लिए मांस की पैलेटेबिलिटी विशेषताएं जैसे रंग, कोमलता, बनावट, स्वाद, रस आदि प्रमुख हैं। ये सभी मापदंड, जहां से मांस प्राप्त होता है, जैसे प्रजाति, नस्ल, उम्र / परिपक्वता, पशु / पक्षी के पोषण की स्थिति, से प्रभावित होते हैं, और बाद के हैंडलिंग और भंडारण के कारण और अंतिम रूप से अपनाई गई खाना पकाने की विधि से भी प्रभावित होते हैं।

मांस पकाने के उद्देश्य

1. कुछ पोषक तत्वों की जैव उपलब्धता और पाचनशक्ति खाद्य वृद्धि के द्वारा पदार्थों के पोषक मूल्य में वृद्धि करने के लिए
2. खाना पकाने की प्रक्रिया के दौरान भोजन में मौजूद विभिन्न यौगिकों की परस्पर प्रभाव के माध्यम से अद्वितीय स्वाद विकसित करने के लिए
3. कच्चे भोजन में मौजूद हानिकारक कीटाणु और परजीवी को नष्ट करके उपभोक्ताओं के स्वास्थ्य की रक्षा करने के लिए

मांस पकाने का प्रभाव

- वैज्ञानिक रूप से मांस पकाने के बाद, मांस के सबसे गहरे हिस्से में एक विशेष आंतरिक तापमान पहुंचना चाहिए
- यह वांछनीय सतह रंग औंर विशेष पकाया स्वाद भी विकसित करना चाहिए
- मांस की सतह का रंग शुष्क गर्मी के साथ गर्म होता है, सतह निर्जलीकरण और मांस में मौजूद चीनी और प्राथमिक अमीनों के बीच भूरेपन की प्रतिक्रिया से होता है
- मांस के पकाने के दौरान विभिन्न वाष्पशील पदार्थों का उत्पादन होता है जो पके हुए मांस की अनूठी सुगंध में योगदान देता है।

मांस पकाने के तरीके

- मूल रूप से मांस को पकाने में, शुष्क ताप या नम ताप विधि का प्रयोग किया जाता है। ब्रोइलिंग और रोस्टिंग सूखी गर्मी पकाने की विधि के उदाहरण हैं जिसके लिए ज्यादातर नरम/टेंडर मांस का उपयोग किया जाता है।
- बारबेक्यूंग, चारकोल ब्रोइलिंग के अलावा और कुछ नहीं है और यह बहुत लोकप्रिय है। नरम/टेंडर मांस और समुद्री खाद्य पदार्थ पकाने की विधि है, जो लकड़ी का कोयला और पिघल वसा टपकाव के दहन से उत्पन्न धुएं के कारण उत्पाद के लिए एक अद्वितीय स्वाद प्रदान करता है।
- डीप फैट फ्राई/तलना, ड्राई हीट कुकिंग/शुष्क ताप खाना पकाने के तरीके का एक और उदाहरण है। बीफ स्टेक और रोब्स से पसलियों, सिरोलिन, श्लोलिन और बीफ से प्राप्त राउंड के कुछ क्षेत्रों को ज्यादातर शुष्क ताप विधियों द्वारा पकाने के लिए किया जाता है।
- इनके अलावा, युवा पक्षियों (पोल्ट्री), भेड़ के बच्चे के कटे हुए हिस्से (स्तन मांस और टांगों को छोड़कर), सूअर का मांस, बेल आदि को पकाने के लिए शुष्क ताप विधियों द्वारा पकाने के लिए उपयोग किया जाता है।
- परिपक्व/वृद्ध जानवरों के मांस में स्थिर क्रॉस लिंकेज के साथ उच्च मात्रा में कोलेजन होता है और यह सख्त हो जाता है। ऐसे मीट को आमतौर पर नम ताप विधियों का उपयोग करके पकाया जाता है।
- धीमा नम हीटिंग कोलेजन को जिलेटिन के रूपांतरण में मदद करता है जो कि खाना पकाने के दौरान और मांस की कठोरता को कम करता है जिससे स्वादिष्टता में वृद्धि होती है। ब्रेजिंग, उबलते, पॉट रोस्टिंग और प्रेशर कुकिंग विभिन्न नम खाना पकाने के तरीकों के उदाहरण हैं।
- मांस चक, गोल, सामने के टांग, ब्रिस्केट, शॉर्ट प्लेट, पोर्क शोल्डर कट्स, मेमने के स्तन मांस और टांग के कट्स और वील शोल्डर और राउंड कट्स और टांगों से प्राप्त मांस को ज्यादातर नम ताप विधि से पकाया जाता है।
- चालन ताप, दीप्तिमान ताप, माइक्रोवेव ताप आदि मांस खाना पकाने में उपयोग किए जाने वाले हीटिंग के अन्य तरीकों में शामिल हैं जिन्हें उन्नति प्रौद्योगिकी के साथ विकसित किया गया है।

5. स्वदेशी मांस पकवान/व्यंजन पकाने की तैयारी

मांस पाकशास्त्र मीट कुकरी के तहत, हमने मांस पकाने में उपयोग की जाने वाली विधियों के बारे में चर्चा किया है। जैसा कि यह शीर्षक भारतीय मूल के विभिन्न स्वदेशी मांस (उत्पादों) की तैयारियों पर है, अब हम ऐसी तैयारियों की बुनियादी आवश्यकताओं के बारे में संक्षेप में चर्चा करेंगे। भारत में, लगभग सभी समुदायों के लिए मटन और चिकन के बाद सबसे पसंदीदा मांस चवॉन (बकरी का मांस) है। देश के उत्तर–पूर्वी राज्यों में पोर्क के बाद करी बीफ की प्राथमिकता के बारे में विशेष उल्लेख किया जाना है, जहां 90% से अधिक आबादी इन राज्यों में मांसाहारी है और इसका उपभोग किया जाता है।

मांस का चयन और मांस व्यंजन पकाने की तैयारी

- स्वदेशी मूल के मांस उत्पादों की एक विस्तृत विविधता बनाई जाती है जो की देश भर में विभिन्न स्तरों पर दैनिक (संस्थागत, होटल, रेस्तरां, फास्ट फूड आउटलेट, घरों आदि) तैयार किया जाता है।
- मांस का चयन, तैयार किए जाने वाले उत्पाद पर निर्भर करता है। उदाहरण के लिए, पीसा/कीमा बनाया हुआ मांस उत्पाद जैसे कबाब, कोफ्ता (बॉल्स), टिक्का आदि के बनाने लिए उपयोग किया जाता है।
- 'चिली चिकन' नाम का अर्थ है केवल चिकन का उपयोग करके तैयार किया गया मांस। मांस की करी सभी प्रकार के मांस से तैयार की जाती है।

अवयवों का चयन और उनकी मांस व्यंजन तैयारी

- अलग–अलग मांस व्यंजन के लिए अलग–अलग अवयवों की आवश्यकता होती है। कबाब, बॉल्स, टिक्का आदि में कुछ बाइंडर्स की आवश्यकता होती है, जिसमें आलू, सोया, रिफाइंड गेहूं का आटा (मैदा), विभिन्न भिगोए हुए और दालों आदि शामिल हैं।
- मांस पकाने में इस्तेमाल होने वाले सामान्य मसालों में प्याज, लहसुन, अदरक और टमाटर के साथ मसालों और जड़ी–बूटियों की एक विशाल विविधता है जो उत्पाद को विशिष्ट स्वाद प्रदान करते हैं। कई मांस की तैयारी में, जैसे कि मांस की करी, कभी–कभी खट्टे दही का उपयोग मैरिनेशन के लिए भी किया जाता है।

- विभिन्न मीट/मांस को पकाने/तलने के लिए वनस्पति तेल (सूरजमुखी, सफोला, तिल का तेल, सरसों का तेल आदि) सबसे आम माध्यम है। इन सामग्रियों को पूरे या पीसा और मिश्रित रूप में उपयोग किया जाता है जो की किसी विशेष उत्पाद की आवश्यकता पर निर्भर करता है।
- तेजपत्ता, धनिया पत्ती, पुदीना आदि का उपयोग कई प्रकार की तैयारी में बड़ी संख्या में किया जाता है। हरा धनिया और कभी–कभी कद्दूकस किया हुआ नारियल और पुदीने की पत्तियों का इस्तेमाल आमतौर पर परोसने से पहले उत्पाद के शीर्ष पर गार्निशिंग के लिए किया जाता है।
- पकाने की विधि तैयारी की शुरुआत में तेजपत्ता, साबुत लौंग, इलायची, दालचीनी आदि का उपयोग वांछित स्वाद प्राप्त करने के लिए किया जाता है।

मरिनेशन/मैरिनेशन

- मांस व्यंजन की तैयारी में मैरिनेशन बहुत महत्वपूर्ण चरणों में से एक है।
- तंदूरी चिकन, मीट करी, मीट अचार आदि में आमतौर पर नमक, चीनी, मसालों और कभी–कभी दही वाले मैरिनड्स के साथ मांस की मैरिनेशन उचित मात्रा की आवश्यकता होती है।
- मैरिनेशन की अवधि और तापमान प्रसंस्कृत होने वाले उत्पाद के प्रकार पर निर्भर करता है।
- कई मांस व्यंजन में, यह अंतिम उत्पाद के स्वादिष्ट स्वाद देने के लिए मांस में मैरिनड्स के प्रवेश के लिए एक अनिवार्य कदम है।

पकाने की विधि का चयन

- अपनाई गई पकाने की विधि प्रसंस्कृत होने वाले अंतिम उत्पाद के प्रकार पर निर्भर करती है।
- जैसे कि 'तंदूरी चिकन' के लिए एक 'तंदूर' ओवन में भुनना।
- विभिन्न कबाब तैयार करने के लिए, चारब्रोइलिंग।
- कई प्रकार के उत्पादों का प्रसंस्करण के लिए, स्टीम कुकिंग, ब्रेजिंग, पॉट बोइलिंग, प्रेशर कुकिंग आदि।

- चिकन फ्राई, समोसा आदि के लिए डीप फैट फ्राई और कभी–कभी वांछित गुणवत्ता का व्यंजन/उत्पाद पाने के लिए खाना पकाने के दो या तीन तरीकों का संयोजन किया जाता है।

जैसे–जैसे हम इस पुस्तक के बाद के अध्यायों से गुजरेंगे, हम स्वदेशी मूल के लगभग साठ मांस उत्पादों/व्यंजनों की तैयारी विधियों/शैलियों का पता लगा सकेंगे। यह उन वर्तमान उपभोक्ताओं की बढ़ती जरूरतों के अनुरूप नई तैयारी विधियों को विकसित करने की संभावना का पता लगाने में मदद करेगा, जो विभिन्न प्रकार के उत्पादों के लिए भुगतान करने के लिए तैयार हैं जो उनके स्वाद और तृप्ति को संतुष्ट कर सकते हैं।

6. अंग्रेजी और हिंदी में भारतीय खाद्य सामग्री/मसालों के सामान्य नाम

अंग्रेजी नाम	हिंदी नाम
Almond	बादाम
Asafoetida	हींग
Anise seed	सौंफ
Bay leaf	तेजपत्ता
Butter	मक्खन
Capsicum	शिमला मिर्च
Cardamom	इलायची
Cashewnut	काजू
Cinnamon stick	दालचीनी
Clove	लौंग
Coriander leaves	धनिये के पत्ते
Coriander seeds	धनिया के बीज
Cumin seeds	जीरा
Cottage cheese	पनीर
Curd	दही
Curry leaves	करी पत्ते
Dried fenugreek leaves	कसूरीमेथी
Dry red chillies	लाल मिर्च
Fenugreek seeds	मेथी
Fenugreek leaves	मेथी पत्ते
Fresh cream	ताजा क्रीम

Ginger powder	अदरक चूर्ण/सुंठ
Garlic	लहसुन
Ginger	अदरक
Green chillies	हरी मिर्च
Green peas	हरी मटर
Groundnut	मूंगफली
Mace	जावित्र
Mint leaves	पुदीने की पत्तियां
Mustard seeds	सरसों के बीज
Nutmeg	जायफल
Peppercorn	काली मिर्च का दाना
Poppy seeds	खसखस
Raisin	किशमिश
Refined flour	मैदा
Sesame/sesame oil	तिल/तिल का तेल
Spinach	पालक
Tamarind	इमली
Turmeric	हल्दी

7. खाना पकाने से संबंधित आम शब्दावली

शब्द/नाम	व्याख्या
बैटर (Batter)	एक आटा और तरल का मिश्रण जिसे स्थिरता के साथ माड़ा जा सकता है
बिरयानी (Biryani)	चावल पर आधारित एक डिश जिसमें मसाले, मांस (मटन, चिकन, बीफ, झींगा आदि) अंडे के साथ और सब्जियां के साथ ही मुख्य रूप से 'बासमती' चावल का उपयोग किया जाता है। यह पूरे भारत में एक बहुत लोकप्रिय व्यंजन है
ब्लांच (Blanch)	सब्जियों को गर्म पानी में संक्षेप में डुबो कर ठंडा करना या पकाने के लिए तैयार करना
मिश्रण (Blend)	दो या अधिक अवयवों को हाथ से या इलेक्ट्रिक मिक्सर के साथ संयोजित करने के लिए तैयार करना
चना दाल (Chana dal)	छिलका निकालना, बंगाल चना दाल
चपाती/रोटी/फुल्का	आमतौर पर पूरे गेहूं के आटे से बनी चपटी रोटी, आमतौर पर सपाट लोहे के बर्तन (तवा) पर रखकर कभी–कभी सीधी आंच पर भूनकर बनाई जाती है

चेवोन/च्वॉन (Chevon)	बकरी के मांस को तकनीकी रूप से च्वॉन कहा जाता है
चिकन ड्रमस्टिक्स	मुर्गे के पैर के निचला जोड़ का हिस्सा
चिली चिकन	प्रचुर मात्रा में हरी शिमला मिर्च के साथ तैयार चिकन पकवान और हरी मिर्च सूखी और ग्रेवी दोनों रूपों में उपयोग किया जाता है
चिरौंजी (Chironji)	ये बादाम के स्वाद के बीज हैं जिनका उपयोग भारत में विभिन्न व्यंजनों को पकाने के लिए मसाले के रूप में किया जाता है, जो कि एक पर्णपाती पेड़ से प्राप्त किया जाता है (बुकाननियाजलियान)
दही	यह डेयरी स्टार्टर के अलावा कमरे के तापमान पर दूध को किण्वित करके तैयार किया गया जाता है (पिछले दिन के दही का हिस्सा) जिसमें किण्वन की अवधि और तापमान के आधार पर अम्लीय स्वाद की अलग–अलग डिग्री होती है।
डी–सीड (Deseed)	एक फल या सब्जी से बीज निकालने के लिए
डाइस (Dice)	छोटे क्यूब्स में काटना
डोसा (Dosa)	यह चावल और काले चने का किण्वित बैटर से तैयार एक प्रकार का पैनकेक है
लोई (Dough)	तरल, आटा आदि का एक साथ मिश्रण एक बड़े पैमाने पर रोल में गूंध या रोल
गरम मसाला	इलायची, दालचीनी और लौंग का मिश्रण 1: 1: 1 अनुपात में, ज्यादातर पाउडर के रूप में उपयोग किया जाता है
घी	शुद्धकृत मक्खन वसा
कड़ाई (Kadai)	भारतीय उपमहाद्वीप में विभिन्न व्यंजनों को पकाने के लिए इस्तेमाल किए जाने वाले दो धातुओं के साथ एक धातु (लोहा, एल्यूमीनियम या स्टील) अंडाकार खाना पकाने का उपकरण
कबाब	अधिकतर कटे हुए मांस उत्पाद को कटार की मदद से मांस के टुकड़ों या मोटे पीसे या कटे हुए मांस के उपयोग से तैयार किया जाता है। कुछ कबाब भी हल्के तलकर तैयार किए जाते हैं
खिचड़ी (Khichdi)	यह एक चावल का व्यंजन है जिसे दाल या हरे चने और सब्जी के साथ पकाया जाता है जैसे आलू, फूलगोभी, हरी मटर आदि, इसे खिचड़ी भी कहा जाता है।
माड़ना (Knead)	हाथ के पोर का उपयोग करके, आटे के बाहर को केंद्र में लाकर, हल्के ढंग से काम करने को माड़ना कहा जाता है।
लाल मिर्च	लाल मिर्च (कश्मीरी मिर्च) मुख्य रूप से पाउडर के रूप में विभिन्न व्यंजनों में आकर्षक रंग विकसित करने के लिए उपयोग किया जाता है।

लुची (Luchi)	बंगाल, असम, उड़ीसा (पूर्वी भारत) का एक लोकप्रिय नाश्ता/जलपान आइटम जो तेल या घी में चपटा गेहूं के आटे की डीप फ्राई करके तैयार किया जाता है
मैदा	शोधित आटा
मैरिनड्स	जड़ी–बूटियों, मसालों और एक तरल (सिरका, दही आदि) का मिश्रण जिसमें भोजन अतिरिक्त स्वाद को अवशोषित करने के लिए रखा जाता है।
मैरिनेट	भोजन को मैरिनड्स में रहने और उस स्वाद को अवशोषित करने की अनुमति देता है जो इसे प्रदान करता है।
मसाला	एकल या मिश्रण के रूप में पीसा हुआ या सुगंधित मसाले
मीन्स (Mince)	शब्द आमतौर पर मांस छोटे टुकड़ों में काटने/पीसने के लिए लागू होता है।
मिक्सर (Mixer)	एक बिजली की चक्की या एक खाद्य प्रोसेसर के लिए एक सामान्य शब्द
परोठा (Parotha)	पूरे गेहूं के आटे से बनी एक सपाट रोटी और वनस्पति तेल या घी में हल्के से तलकर तैयार किया जाता है।
पुलाव (Pulao)	चावल का एक व्यंजन जो मसाले, मांस, सब्जियाँ, ड्रायफ्रूट, घी आदि के साथ तैयार किया जाता है।
संन्यासं/संनास और इडली (Sannas and idli)	गोवा में लोकप्रिय संन्यासी उबले हुए चावल केक हैं। चावल और काले चने के किण्वित घोल से तैयार इसी तरह के स्टीम्ड केक को इडली कहा जाता है और यह दक्षिणी भारत का एक बहुत ही लोकप्रिय नाश्ता/टिफिन आइटम है।
सीक (Seekh)	एक लोहे/स्टेनलेस स्टील की छड़, जो कबाब बनाने के लिए इस्तेमाल की जाती है
सिमर (Simmer)	पानी के क्वथनांक के नीचे पकाने के लिए/उबालकर बनाना स्टीरफ्राई/हिलाकर तलना तेज आंच पर मध्यम आँच पर तेजी से तलते हुए
तंदूर (Tandoor)	एक धातु ड्रम के चारों ओर एक स्वदेशी रूप से डिजाइन किया गया मिट्टी का ओवन जिसमें तापमान 480°C के आसपास पहुँच सकता है और तंदूरी रोटी और तंदूरी चिकन तैयार करने के लिए इस्तेमाल किया जा सकता है
टिक्का (Tikka)	टिक्का उत्पाद है, जो कुरकुरे या कुरकुरा सतह का होता है, जिसे ज्यादातर कुछ सब्जी और मसालों के साथ तैयार किया जाता है और साथ में कटा हुआ मांस भी डाला जाता है।

मानक माप

1 ग्लास	– 300 मिलीलीटर	1 कप	– 150 मिलीलीटर
1 बड़ा चम्मच	– 50 मिलीलीटर	1 चम्मच	– 15 मिलीलीटर

8. कुछ सामान्य भारतीय मसालों और अवयवों की तस्वीरें

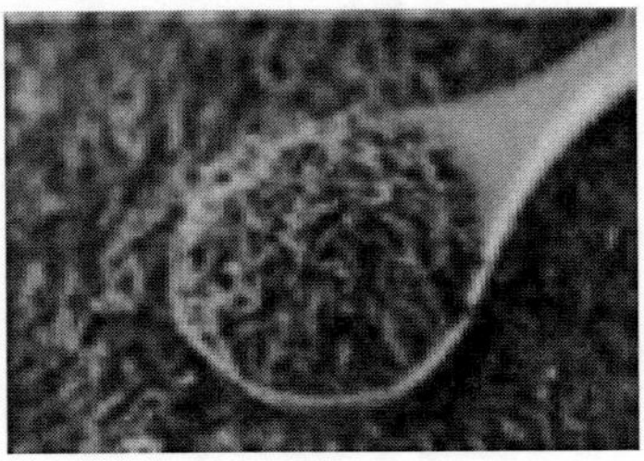

जीरा

हरी मटर

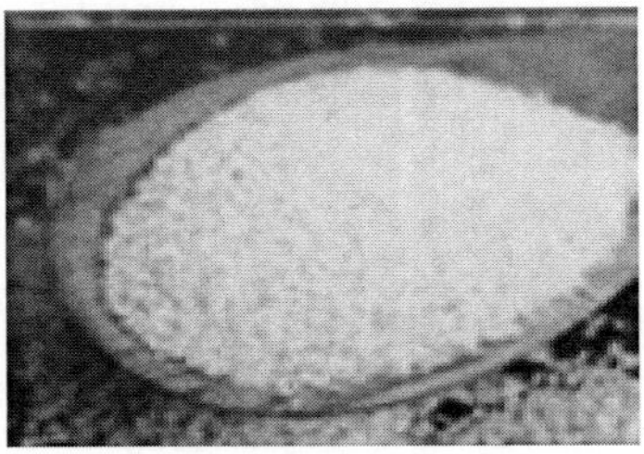

खसखस

शिमला मिर्च

सौंफ

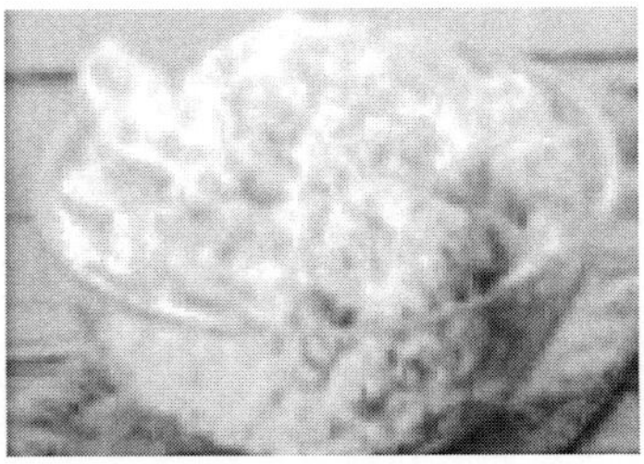

पनीर (Cottage cheese)

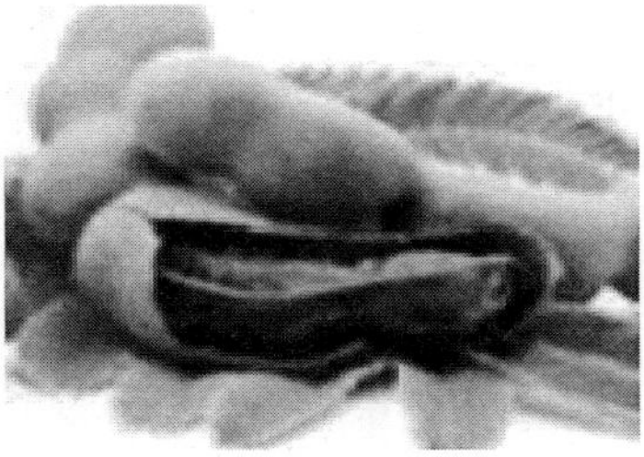

इमली

सरसों के बीज

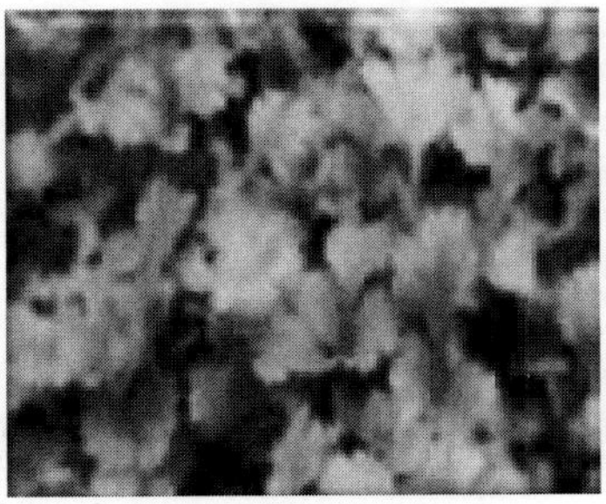

धनियाँ के पत्ते

बादाम

तेज पत्ता

ताजा क्रीम

लहसुन

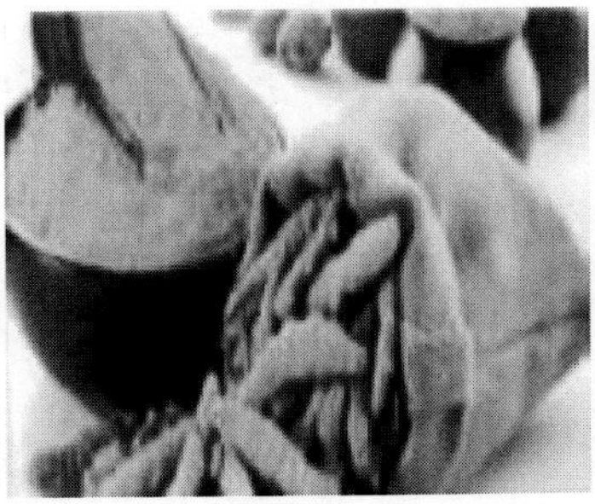

हल्दी

अदरक

दही

मूंगफली

काजू

तिल/तिल का तेल

धनिया के बीज

लौंग

दालचीनी

जावित्र

हींग

पुदीने की पत्तियां

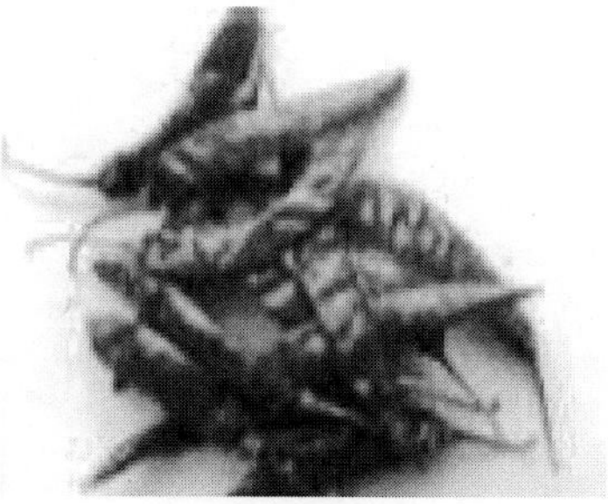

सूखी लाल मिर्च

पालक

मेथी बीज

काली मिर्च

कसूरी मेथी

करी पत्ते

इलायची

❑❑❑

अध्याय 2

मटन व चेवॉन / चवॉन (Chevon) मांस के व्यंजन

1. मटन करी

परिचय

मटन करी एक भारतीय मांस करी डिश है, जिसे चेवॉन / चवॉन (chevon) / मटन और कुछ सब्जियों, खासकर टमाटर का उपयोग करके तैयार किया जाता है। मटन करी की प्राथमिक सामग्री में मांस–हड्डियों के साथ, प्याज, टमाटर, मसाले और वनस्पति तेल शामिल हैं। मूल रूप से मटन करी एक बड़े बर्तन में एक खुले प्रकार की आग–लकड़ी के ओवन में गर्म करके तैयार की गई थी। इसे अब प्रेशर कुकर और धीमी कुकर का उपयोग करके पकाया जाता है। मटन करी को ज्यादातर चावल, चपाती या रोटी के साथ परोसा जाता है। रेलवे मटन करी उस व्यंजन का एक प्रकार है जो ब्रिटिश भारत के दौरान उत्पन्न हुआ था। रेलवे मटन करी को नारियल के दूध के बेस का उपयोग करके तैयार किया जाता है।

पाक विधि एवं सामग्री

मांस (हड्डियों के साथ) – 500 ग्राम
प्याज – 225 ग्राम
टमाटर – 1 मध्यम आकार का
कुकिंग ऑयल – प्याज को पर्याप्त डीप फ्राई करने के लिए
धनिया के पत्ते – 1 छोटा गुच्छा / 10 टहनियाँ
पुदीने के पत्ते – 1 छोटा गुच्छा / 10 टहनियाँ
हरी मिर्च – 3 पूरी
मटन करी मसाला – 25 ग्राम
नमक – स्वादानुसार

बनाने की विधि

1. सुनहरा भूरा होने तक तेल गरम करें, प्याज को डीप फ्राई करें, यह सुनिश्चित करें कि उन्हें अधिक भूनें नहीं (ताकि करी का रंग बदल जाए), फिर हटा दें और अलग रख दें।

2. 100 मिलीलीटर (एक छोटा चाय का कप) पानी लें और नमक और टमाटर के साथ मसाला करी का पेस्ट बनाएं और मांस पर समान रूप से लपेटे और एक तरफ रख दें।

3. प्रेशर कुकर में प्याज तलने के बाद बचा हुआ 90 मिली (6 बड़ा चम्मच) तेल लें। हरी मिर्च, मसाला पेस्ट के साथ मिश्रित मांस को 5–10 मिनट के लिए भूनें। लगातार चलाना सुनिश्चित करें कि मसाला पेस्ट कुकर की तली से चिपके नहीं।

4. तले हुए प्याज को क्रश करें और कुकर की सामग्री में डालें और 1 मिनट तक भूनें।

5. 375 मिलीलीटर या 1½ गिलास पानी डालें और अच्छी तरह मिलाएं।

6. प्रेशर कुकर का ढक्कन बंद करें और तेज आंच पर पकाएं। पहली सीटी आने के बाद, आंच को कम कर दें और लगभग 10 मिनट तक पकाएं। आंच से उतारें और कुकर को ठंडा होने दें।

7. प्रेशर कुकर का ढक्कन हटा दें, इसे सादे कवर से ढक दें और मध्यम से धीमी आंच पर रखें। जब तक मांस नरम/टेंडर ना हो जाये और करी की वांछित मोटाई प्राप्त की जाती है, साथ में तब तक रुक–रुक कर चलते रहें (इस प्रक्रिया में 15 से 25 मिनट लगते हैं)।

8. चूल्हे को बंद कर दें, फिर धनिया और पुदीने की पत्तियों से गार्निश करें, और 5 मिनट के बाद परोसें।

फ्लो–चार्ट

एक बर्तन में तेल गरम करें, प्याज को डीप फ्राई करें

↓

नमक और टमाटर के साथ करी मसाला का पेस्ट बनाएं
और मांस पर समान रूप से प्रयोग करें

↓

प्रेशर कुकर में तेल, हरी मिर्च, मांस मिला हुआ मसाला पेस्ट डालें
और 5–10 मिनट के लिए भूनें

↓

कुकर में तले हुए प्याज को प्रेशर कुकर में डालें

↓

प्रेशर कुकर में 1 गिलास पानी डालें

↓

प्रेशर कुकर का ढक्कन बंद करें और 10 मिनट तक तेज आंच पर पकाएं,
फिर बाद में ढक्कन हटा दें, मध्यम से धीमी आंच 15–20 मिनट के लिए
पर धीरे–धीरे चलाने के साथ पकाएं

↓

पकाने के बाद, धनिया और पुदीने की पत्तियों से गार्निश करें

↓

मटन करी सेवन के लिए तैयार

2. कोच्चि पंथार झोल

परिचय

बंगाली में ''कोचीपंथा'' का अर्थ 'अपरिपक्व नर बकरी' होता है, ''झोल'' का अर्थ होता है पतली सौपी ग्रेवी। 'कोच्चि पंथार झोल" को आलू के बड़े क्यूब्स के साथ युवा नर बकरी के मांस के साथ बनाया जाता है और यह अन्य मांसाहार की तुलना में बहुत कम मसालेदार होता है। इनकी स्थिरता मोटाई एक ग्रेवी की तुलना में एक स्टू/जेली की तरह अधिक है। बकरी की युवा होने के कारण, मांस स्वादिष्ट और नरम होता है और यही कारण है कि यह बंगाल से आया बकरी का मांस/मेमना करी कोच्चि पंथजोल के नाम से प्रसिद्ध है।

पाक विधि एवं सामग्री

750 ग्राम युवा नर बकरी का मांस

3 मध्यम आकार के आलू (आधा– आधा कटा हुआ)

1 बड़ा प्याज–कटा हुआ
2 मध्यम टमाटर – कटा हुआ
लहसुन की 5 लौंग – पेस्ट
2 इंच अदरक की छड़ी – पेस्ट
2 बड़े चम्मच दही
4 हरी इलायची
1 बड़ा छड़ी दालचीनी
3–4 लौंग
2 बड़े तेज पत्ता
1.5 चम्मच हल्दी पाउडर
1 छोटा चम्मच लाल मिर्च पाउडर
2 बड़ा चम्मच धनिया पाउडर
1 और 1⁄2 बड़ा चम्मच जीरा पाउडर
1 बड़ा चम्मच गरम मसाला पाउडर
नमक स्वादानुसार
तेल और घी – पकाने के लिए

बनाने की विधि

1. मांस को दही के साथ, अदरक–लहसुन का आधा पेस्ट, हल्दी पाउडर, लाल मिर्च पाउडर, धनिया पाउडर, जीरा पाउडर और नमक के साथ मिलाएं। मांस को कम से कम 1 घंटे के लिए मैरीनेट करें। यह मांस को रात भर अधिमानतः रेफ्रिजरेटर में मैरिनेशन देने पर बहुत अच्छा होगा।
2. एक पैन में तेल गरम करें और उसमें हरी इलायची, दालचीनी स्टिक, लौंग और तेज पत्ता डालें।
3. जैसे ही तेल सुगंधित हो जाए, कटा हुआ प्याज डालें और तब तक तलें जब तक वे पारभासी हैं। फिर बाकी अदरक–लहसुन को तब तक मिलाएं जब तक प्याज सुनहरा भूरा न हो जाए।
4. अब टमाटर डालें और उन्हें नरम और नरम होने तक पकाएं।
5. जैसे–जैसे टमाटर मटमैला रंग का होने लगता है वैसे–वैसे मैरीनेट किया हुआ मांस और आधा–आधा किया आलू डालें। उन्हें तब तक भूनें जब तक कि मांस अपना रंग न बदल दे और पानी छोड़ना शुरू कर देता है।

6. मांस को एक प्रेशर कुकर में स्थानांतरित करें और अपनी पसंदीदा मात्रा में ग्रेवी से मेल खाते हुए गर्म पानी डालें।
7. 12–15 मिनट के लिए प्रेशर कुकर में पकाएं। कुकर से भाप निकलने दें और फिर ढक्कन खोलें। एक बार और 7–10 मिनट के लिए सिमर करें। यह समय स्मूदी ग्रेवी बनाने के लिए पर्याप्त है।
8. आंच से उतारें और घी और गरम मसाला पाउडर डालें। उन्हें अच्छी तरह से चलाये और ढक्कन को बंद करें, सेवन करने से पहले खोलें।

3. मटन कोरमा

मटन कोरमा एक व्यंजन है जो भारत के दक्षिणी भाग में उत्पन्न हुआ है। मांस के टुकड़ों को दही या क्रीम, पानी या स्टॉक के साथ गाढ़ा सॉस/मोटी चटनी या चिकना और चमक बनाने के लिए ब्रेज्ड/उबली किया जाता है।

पाक विधि एवं सामग्री

1 किलो मटन
4 मध्यम आकार का प्याज (कटा हुआ)
5 हरी मिर्च (लंबा कटा)
1–1.5 टेबल स्पून कुचल अदरक और लहसुन
1 बड़ा टुकड़ा दालचीनी
4 लौंग
4 उबली हुई इलायची
1 टेबल स्पून सौंफ के बीज
1 टेबल स्पून खसखस (वैकल्पिक)
1 चम्मच साबुत काली मिर्च
1 टेबल स्पून धनिया पाउडर
1/2 चाय चम्मच हल्दी पाउडर
8–10 काजू को 10–15 मिनट के लिए गर्म पानी में भिगो दें
धनिया गार्निशिंग के लिए

1.5 कप गाढ़ा नारियल का दूध
2 चाय चम्मच सिरका
वनस्पति तेल – पर्याप्त मात्रा में
नमक स्वादानुसार

बनाने की विधि

1. प्रेशर कुकर में तेल गरम करें। दालचीनी, लौंग, इलायची, काली मिर्च और सौंफ के बीज डालें और 2 मिनट के लिए भूनें। फिर कटा हुआ प्याज डालें, ब्राउन होने तक पकाएं। कुचल अदरक लहसुन और हरी मिर्च डालें, और कच्ची महक आने तक 2–3 मिनट तक पकाएं।
2. धनिया और हल्दी पाउडर डालें, अच्छी तरह से मिलाएं और 3–4 मिनट तक पकाएं। फिर खसखस डालें और 2–3 मिनट तक पकाएं। मसाले को गैस स्टोव से निकालें और इसे पूरी तरह से ठंडा होने दें। ठंडा मसाला 1/4–1/3 कप पानी के साथ एक चिकनी पेस्ट को पीस लें।

3. भीगे हुए काजू को चिकने पेस्ट में पीसकर अलग रख लें।
4. नमक, सिरका, पीसा हुआ पेस्ट और 1 कप पानी डालें, अच्छी तरह मिलाएँ और प्रेशर कुक करें। पहली सीटी के बाद, आंच को कम–मध्यम कर दें और 15–20 मिनट तक पकाएं।
5. एक बार जब दबाव कम हो जाए, कुकर खोलें और अच्छी तरह मिलाएं। काजू का पेस्ट डालें और 3–4 मिनट तक पकाएं, गाढ़ा नारियल का दूध डालें और अच्छी तरह मिलाएँ। धीमी आंच पर 6–8 मिनट तक पकाएं। कटा हुआ हरा धनिया डालें और अच्छी तरह मिलाएँ।
6. स्वाद को सेट करने के लिए करी को 20–30 मिनट के लिए आराम दें।
7. सादा चावल, घी चावल, सब्जी पुलाव, टमाटर चावल, चपाती, परांठा आदि के साथ परोसें।

4. गलौटी कबाब

परिचय

गलौटी कबाब को अन्यथा गलावती कबाब के रूप में कहा जाता है, जिसका अर्थ है मुंह में पिघल जाना। गलौटी कबाब कीमा बनाया हुआ मांस और बंगाल के चने और इसे विभिन्न मसालों के साथ बनाया जाता है। यह कबाब के अन्य प्रकारों की तरह अवध (वर्तमान में लखनऊ, भारत) के नवाबी रसोई में इनकी उत्पत्ति का पता लगता है। गलौटी कबाब बनाने में मांस के टुकड़े को गर्म करना पड़ता है और इसे हाथ से बने मलेट का उपयोग करते हुए इसे लगातार पीटते हुए तोड़ना पड़ता है, जब तक कि मांस व्यावहारिक रूप से कच्चा न खाया जा सके। जब मांस ठंडा होता है, तो मांस की गुणवत्ता को खराब किए बिना संयोजी ऊतक को तोड़ना संभव नहीं है। इसलिए, पके पपीते का उपयोग साफ्टनर के रूप में किया जाता है। पपीता में पैपैन नामक एक एंजाइम होता है, जो संयोजी ऊतक को असाधारण रूप से तोड़ने में अच्छी तरह से काम करता है। यह ज्ञान का संयोज नही है, जो सही अनुपात और समय, तेज चक्र और धीमी लकड़ी का कोयला ग्रिलिंग यह सुनिश्चित किया गया जो मुंह में कबाब को पिघला देता है।

पाक विधि एवं सामग्री

500 ग्राम कीमा बनाया हुआ मांस

साथ में पीस लें

75–100 कटा हुआ कच्चा पपीता
नमक स्वादअनुसार
1 बड़ा चम्मच कटा हुआ अदरक
1 बड़ा चम्मच कटा हुआ लहसुन
8 लौंग
2 काली इलायची (केवल बीज)
2 टीस्पून खसखस–भुनी सूखी पीसा
4 काली मिर्च
1/2 चम्मच दालचीनी पाउडर
2 बड़े चम्मच सूखा नारियल–हल्का भुना हुआ
जावित्र के 2 ब्लेड
5 हरी इलायची

1 चम्मच मिर्च पाउडर

1/4 चम्मच जालीदार हुआ जायफल

कबाब के लिए

1/2 कप घी में 1 कप कटा हुआ प्याज–भूरा और कुरकुरा तला हुआ

1/4 कप बारीक कटा हरा धनिया

1 बड़ा चम्मच बारीक कटी हरी मिर्च

3 बड़ा चम्मच भुना हुआ बेसन

1 अंडा (फेंटा हुआ)

घी कबाब को तलने के लिए

कबाब के ऊपर छिड़कने के लिए नींबू का रस

बनाने की विधि

1. कीमा बनाया हुआ मांस को पीसे अवयवों के साथ में 4–5 घंटे के लिए मैरिनेट करें।
2. साथ में धनिया पत्ती, हरी मिर्च, बेसन और अंडा मिलाएं।
3. मांस डालें और कुछ समय के लिए इन्हें लगभग आटा की तरह गूंथें।
4. वांछित आकार के गोल पैटीज आकार में बनायें, और आधे घंटे तक ठंडा करें।
5. एक भारी तलने वाली कढ़ाही में घी गर्म करें।
6. माध्यम आँच पर कबाबों को भूनें, पहले एक तरफ भूरा और फिर दूसरा।

परोसने के विकल्प

गलौटी कबाब आमतौर पर एक समृद्ध स्नैक के रूप में विभिन्न चटनी, या मसालेदार दही के साथ खाया जाता है।

इसे साइड डिश के रूप में चावल के साथ भी लिया जा सकता है।

संवेदी गुणवत्ता

एक अच्छी तरह से बनाई गई गलौटी नरम होती है और मुंह में पिघल जाती है। इन कबाबों में विभिन्न सामग्रियों और तकनीकों के कारण एक समृद्ध स्वाद होता है।

उनकी स्वादिष्ट सुगंध, दालचीनी और इलायची जैसे मसाले तथा घी और मांस के साथ मसालों के कारण है।

कीमा बनाया हुआ मांस की इंट्रामस्क्युलर वसा, और मसाले, इसे स्वादिष्ट मुंह में पानी लाने वाला बनाते हैं।

स्वाद के अनुसार, यह बहुत मसालेदार नहीं होती है, बस मसालों का सही मिश्रण मसालेदार स्वाद के लिए एक मध्यवर्ती नमकीन सुनिश्चित करता है जो मांस के स्वाद को दबाने नहीं देता है।

पोषण मूल्यांकन रिपोर्ट

पैरामीटर	अनुमानित मूल्य
कैलोरी	650 किलो कैलोरी
वसा से कैलोरी	460 किलो कैलोरी
कुल वसा	50 ग्राम
कुल कार्बोहाइड्रेट	4 ग्राम
आहार फाइबर/तन्तु	0.7 ग्राम
शक्कर	2 ग्राम
प्रोटीन	40 ग्राम
कोलेस्ट्रॉल	20 मिग्रा
सोडियम	90 मि.ग्रा
पोटैशियम	55 मि.ग्रा
विटामिन ए	0.1 मिलीग्राम
विटामिन सी	11.6 मिलीग्राम
कैल्शियम	10 मिलीग्राम
लोहा	0.2 मिग्रा

5. सीक कबाब

परिचय

ये रसीले कबाब किसी भी कॉकटेल पार्टी के लिए उत्कृष्ट शुरुआत करते हैं। मटन कीमा को सुगंधित मसालों, कटा हुआ प्याज और ताजा धनिया के साथ

मैरीनेट किया जाता है, इसे कटार/कबाब की सीक के चारों ओर लपेट दिया जाता है और पूर्णतः पकने के लिए ग्रील्ड किया जाता है। प्रचुर मक्खन का चोटन, कबाब स्वाद को स्वादिष्ट चटकारे देता है, बाहर से चार्ड और अंदर नम बनावट देता है। ये स्वादिष्ट सीक कबाब चिकन या अन्य मीट के साथ भी तैयार किए जा सकते हैं। इन्हें स्वादिष्ट स्वाद के लिए पुदीने की चटनी के साथ परोसा जा सकता है या फिर आप इन्हें रोटी में लपेट कर भी परोस सकते हैं।

तुर्की शब्द कबाब भी अरबी शब्द कबाब से लिया गया है, जिसका अर्थ है भुना हुआ मांस। कबाब व्यंजन फारस (वर्तमान में ईरान) और तुर्की के मध्ययुगीन रसोई में विकसित किए गए थे। वे आमतौर पर मांस के छोटे टुकड़े या स्लाइस मांस के साथ बनाए जाते थे, अक्सर लकड़ी या लकड़ी कोयला आग पर कटार से पकाया जाता है। इस खाना पकाने की विधि का एक लंबा इतिहास है, जहां मांस की दुकानों में मांस की छोटी कटौती की उपलब्धता के कारण यह उन शहरों में व्यावहारिक हैं।

पाक विधि एवं सामग्री

मटन कीमा (कीमा) – 500 ग्राम
प्याज कटा हुआ – 1 मध्यम
मटन वसा – 50 ग्राम
हरी मिर्च – 3 कटी हुई
ताजा कटा हुआ धनिया पत्ती – 2 बड़े चम्मच
लहसुन का पेस्ट – 1 बड़ा चम्मच
अदरक का पेस्ट – 1 बड़ा चम्मच
भुना जीरा पाउडर – 1 चम्मच
गरम मसाला पाउडर – 1/2 चम्मच
कश्मीरी लाल मिर्च पाउडर – 1 बड़ा चम्मच
नमक स्वादअनुसार
मक्खन या वनस्पति तेल चखने के लिए

सूखी मसाला विशेष मिश्रण – 2 बड़े चम्मच
नींबू – 2
पुदीने की चटनी आवश्यकतानुसार

बनाने की विधि

चरण 1: ओवन को 240°C पर पहले गर्म करें। कीमा बनाया हुआ मटन, मटन वसा, प्याज, हरी मिर्च और ताजा धनिया मिलाएं। एक अच्छी स्थिरता के लिए पीसें।

चरण 2: मक्खन/तेल को छोड़कर बाकी सामग्री मिलाएं। मिश्रण को बारह (12) बराबर भागों में विभाजित करें। कटे–पिसें हुए टुकड़ों को कटार/कबाब की सीक के चारों ओर नम हाथों से कबाब आकार में लपेटें।

चरण 3: कबाब को ओवन में या गर्म तंदूर में लगभग पूरा होने तक पकाएं। मक्खन या तेल के लेपन साथ और जब तक पूरी तरह से न पके तब तक पकाना जारी रखें।

चरण 4: थोड़े विशेष सूखे मसाले के मिश्रण और नींबू के रस के साथ छिड़कें और पुदीने की चटनी के साथ गर्मागर्म परोसें।

अनुमानित पोषण मूल्य

कैलोरी	1200 किलो कैलोरी
कार्बोहाइड्रेट	16.6 ग्राम
प्रोटीन	109.6 ग्राम
वसा	77.2 ग्राम

भंडारण और शेल्फ–लाइफ/स्व–आयु

कमरे का तापमान परः 1 दिन
प्रशीतित भंडारण में: 3–4 दिन

6. रोगन जोश

परिचय

रोगन जोश (रोगन जोश या रोघन गोश्त), फारसी या कश्मीरी मूल का एक सुगंधित मेमना या बकरी का मांस व्यंजन है, जो कश्मीरी व्यंजनों के पहचान वाले

व्यंजनों में से एक है। रोगन का अर्थ है " परिशुद्ध मक्खन" या "तेल" फारसी और उर्दू भाषा में, जबकि जोश का अर्थ है "स्टू" या "ब्रेज"। रोगन जोश, इस परिभाषा के अनुसार, "घी में डूबा हुआ" (रोघन जोश या रोघन गोश्त), फारसी या कश्मीरी मूल का एक सुगंधित, बकरी या मेमना का मांस व्यंजन है, जो कश्मीरी व्यंजनों के पहचान वाले व्यंजनों में से एक है।

रोगन जोश कश्मीरी व्यंजनों का एक प्रमुख केंद्र है और कश्मीरी बहु–प्रणाली भोजन के मुख्य व्यंजनों में से एक है – "वजवान"। रोगन जोश में लैंब या मटन के टुकड़े होते हैं, जिन्हें लहसुन, अदरक और सुगंधित मसालों के ग्रेवी के साथ पकाया जाता है, और कुछ संस्करणों में प्याज या दही को शामिल किया जाता है। प्रारंभिक ब्रशिंग के बाद, धीमी गति से खाना पकाने की तकनीक का उपयोग करके पकवान को पूरी तरह से पकाया जा सकता है। पारंपरिक रूप से यह गहरी लाल विशेषता, सूखे कश्मीरी मिर्च (लालमिर्च) से आती है। हालांकि पारंपरिक तैयारी में साबुत बीज रहित सूखे मिर्च का उपयोग किया जाता है, जिन्हें पानी में भिगोया जाता है, और एक पेस्ट के लिए पीसा जाता है, गैर–पारंपरिक सरल उपाय में या तो कश्मीरी मिर्च या पपरिका (मुख्य रूप से) और कायेने काली मिर्च के मिश्रण का उपयोग करते हैं, स्वाद के लिए समायोजित कर दिया जाता है।

पाक विधि एवं सामग्री

मेमने का 750 ग्राम हड्डी रहित पैर/बोनलेस लेग, ट्रिम कर दिया और 1/2–इंच क्यूब्स में काट लिया

1.5 चम्मच पिसा हुआ जीरा

1.5 चम्मच पिसी हुई धनिया

1 चम्मच पिसी हुई अदरक

1 चम्मच मिर्च पाउडर

1 चम्मच पिसी हुई दालचीनी

1/2 चम्मच नमक

1/2 चम्मच पिसी हुई हल्दी

1/4 चम्मच केसर के धागे

1/4 चम्मच पिसी हुई लौंग

1 चम्मच कनोला तेल

1 कप मांस शोरबा

1/2 कप कम वसा वाला दही

1/2 कप कटा हुआ ताजा धनिया

बनाने की विधि

चरण 1 – एक बड़े जिप–टॉप प्लास्टिक बैग में 2 से 10 पर सूचीबद्ध सामग्री को मिलाएं। हड्डी रहित बकरी या मेमना का मांस डालें सील लगाएं और कोट के लिए हिला कर मिलाएं। आठ घंटे या रात भर के लिए रेफ्रिजरेटर में ठण्डा करें।

चरण 2 – एक बड़े सॉस पैन में मध्यम आँच पर तेल गरम करें। इसमें बकरी मांस मिश्रण डालें और लगातार हिलाते हुए, लगभग चार मिनट तक पकाएं। बिट्स को ढीला करने के लिए शोरबा स्क्रैपिंग पैन में डालें और उबाल पर लाए। ढककर के, आँच कम करें, और 1 घंटे के लिए उबाल लें। आंच को मध्यम–उच्च तक बढ़ाएं आंशिक रूप से ढककर के करें और 1 घंटे तक पकाएं या जब तक टेंडर न हो, पकाएं। पुनः 5 मिनट तक या सॉस के गाढ़ा होने तक ढककन हटा कर पकाएँ। आंच से हटाएं दही और धनिया मिलाएं।

भंडारण और शेल्फ–लाइफ/स्व–आयु

एक बार तैयार होने पर, करी को दो दिनों तक रेफ्रिजरेटर में (5–7°C पर) संग्रहीत किया जा सकता है, हालांकि, इसे बार–बार गर्म नहीं किया जाना चाहिए। इस व्यंजन का सबसे अच्छा आनंद, ताजा मांस व्यंजन के साथ और ताजा परोसे जाने पर लिया जाता है। इसे कमरे के तापमान पर संग्रहीत नहीं किया जा सकता है।

रोगन जोश भी रिटोर्ट पाउच पाउच में पैक किया जाता है और 121°C (7–11 मिनट) पर रिटोर्ट किया जाता है। रिटोर्ट पाउच प्रसंस्करण रोगन जोश को परिवेश कमरे के तापमान पर दीर्घकालिक भंडारण के लिए उपयुक्त है।

हालांकि, रेडीमेड सॉस उपलब्ध हैं, जिनमें इसकी 24 महीने तक का शेल्फ–लाइफ होता है, जैसे कि मायमेन ट्रेडिंग रोगन जोश सिमर सॉस।

7. शमी कबाब

परिचय

शमी कबाब भारतीय, पाकिस्तानी और बांग्लादेशी व्यंजनों का हिस्सा है। यह आम तौर पर कीमा बनाया हुआ मेमने या मटन की छोटी मांस/मटन क्यूब्स से बनाया जाता है, लेकिन इसे एक साथ रखने के लिए, कभी–कभी चिकन, अंडे, पिसे हुए छोले, और मसाले को मिलाया जाता है। शमी कबाब को नाश्ते के रूप में या ऐपेटाइजर के रूप में खाया जाता है। शमी कबाब भारत में हैदराबाद, पंजाब, कश्मीर, उत्तर प्रदेश के क्षेत्रों में लोकप्रिय है।

इन्हें अक्सर नींबू के रस से गार्निश किया जाता है और कच्चे प्याज और पुदीने या धनिया से बनी चटनी के साथ परोसा जाता है।

पाक विधि एवं सामग्री

500 ग्राम मटन क्यूब्स
1/4 चम्मच जीरा
1/4 चम्मच हरी इलायची
1/2 बड़ा चम्मच कटा हुआ लहसुन
10 इलायची (हरा)
2 चुटकी नमक
1 अंडा
1/2 छोटा चम्मच लाल मिर्च पाउडर
1/4 चम्मच काली मिर्च
2 बड़ा चम्मच चना दाल
1/2 बड़ा चम्मच कटा हुआ अदरक
1/2 बड़ा चम्मच लौंग
1 बड़ा चम्मच गरम मसाला पाउडर
5 कप पानी

भरन सामग्री

2 प्याज, बारीक कटा हुआ
2 हरी मिर्च, बारीक कटी हुई
1 मुट्ठी बारीक कटा हरा धनिया

बनाने की विधि

चरण 1: एक पैन में, मटन, पानी, लाल मिर्च पाउडर, जीरा, काली मिर्च, हरी इलायची पाउडर, चना दाल, लहसुन, अदरक, इलायची, लौंग और नमक डालें। मिश्रण को उबालने के लिए रखे। आंच कम करें और इसे तब तक पकाना जारी रखें जब तक कि सभी पानी वाष्पित न हो जाए और मांस नरम/टेंडर न हो।

चरण 2: एक बार जब यह हो जाता है, पैन को आंच से हटा दें और ठण्डा करने के लिए एक तरफ रख दें। फिर इस मिश्रण को एक पेस्ट में पीस लें। पेस्ट में एक बड़ा चम्मच गरम मसाला और मैश किया हुआ अंडा मिलाएं और फिर नींबू के आकार के छोटे–छोटे गोले बना लें। कटा हुआ प्याज, धनिया और हरी मिर्च में से प्रत्येक के आधा चम्मच के साथ गेंदों को बीच में स्टफ करें और उन्हें चपटा करें।

चरण 3: अब तेज आंच पर एक कड़ाही में तेल गर्म करें। एक बार जब तेल पर्याप्त रूप से गर्म हो जाता है, उन्हें भूरा होने तक डीप फ्राई करें और केचप के साथ गर्म परोसें।

अनुमानित पोषण मूल्य

कैलोरी	188 मि.ग्रा	सोडियम	230 मि.ग्रा
कुल वसा	9 ग्राम	पोटैशियम	– मि.ग्रा
संतृप्त वसा	2 ग्राम	कैल्शियम	2%
पॉलीअनसैचुरेटेड वसा	– ग्राम	आयरन	10%
मोनोअनसैचुरेटेड वसा	– ग्राम	कोलेस्ट्रॉल	50 मि.ग्रा
ट्रांस वसा	– ग्राम	विटामिन ए	1%
कुल कार्बोहाइड्रेट	10 ग्राम	विटामिन सी	1%
आहार फाइबर	4 ग्राम		
शक्कर	1 ग्राम		
प्रोटीन	15 ग्राम		

भंडारण और शेल्फ–लाइफ/स्व–आयु

कमरे का तापमानः 6 घंटे

प्रशीतितः 3–4 दिन

8. लैम्ब (LAMB) करी

परिचय

यह एक भारतीय करी डिश है जिसे नरम/टेंडर, लैम्ब/भेड़/बकरी के मांस और सब्जियों से तैयार किया जाता है।

पाक विधि एवं सामग्री

1 किलो बोनलेस लैम्ब शोल्डर (1.5 इंच के टुकड़ों में कटे हुए)
4 बड़े चम्मच वनस्पति तेल
2 बड़े प्याज (पतले पतले कटे हुए)
2 बड़े टमाटर (कटे हुए)
2 बड़े चम्मच लहसुन का पेस्ट
1 बड़ा चम्मच अदरक का पेस्ट
2 चम्मच धनिया पाउडर
1 चम्मच जीरा पाउडर
1/2 छोटा चम्मच हल्दी पाउडर
1/2 चम्मच लाल मिर्च/पाउडर
2 चम्मच गरम मसाला पाउडर
नमक स्वादानुसार
गार्निशः कटा हुआ हरा धनिया (सिलेंट्रो)

बनाने की विधि

1. कुकिंग ऑयल को एक भारी तले वाले पैन, मध्यम आंच पर गर्म करें।
2. गर्म होने पर प्याज डालें। जब तक प्याज एक सुनहरा भूरा रंग में बदलने के लिए शुरू नहीं होता है, तलें। इसे एक स्लेटेड चम्मच के साथ तेल से निकालें और कागज तौलिये पर छानें, आँच बंद कर दें।
3. एक खाद्य प्रोसेसर में प्याज को बहुत कम पानी मिलाते हुए एक चिकनी पेस्ट में पीसें। एक अलग बरतन में स्थानांतरित करें।
4. फूड प्रोसेसर में टमाटर, लहसुन और अदरक को एक साथ मिलाकर पीस लें। बाद में उपयोग के लिए एक अलग बरतन में स्थानांतरित करें।
5. प्याज को तलने से बचा हुआ तेल गरम करें और इसमें पिसा रखे प्याज का पेस्ट डालें। हल्के–हल्के से 2 से 3 मिनट के लिए तलें।

6. टमाटर का पेस्ट, धनिया, जीरा, हल्दी, लाल मिर्च पाउडर और गरम मसाला पाउडर डालें और अच्छी तरह मिलाएँ।
7. जब तक तेल अलग न होने लगे तब तक मसाला (प्याज–टमाटर–मसाला मिश्रण) को तल करें। इसमें 10 मिनट समय लग सकता है।
8. अब लैम्ब / भेड़ / बकरी के मांस के टुकड़ों को मसाला में मिलाएँ, स्वादानुसार नमक मिलाएँ और मसाला के साथ लैम्ब / भेड़ / बकरी के मांस को पूरी तरह से कोट करने के लिए मसाले को पूरी तरह मिलाएँ। हल्के–हल्के से तलें जब तक भेड़ / बकरी का मांस अच्छी तरह से तैयार हो जाये।
9. पैन में 1 / 2 कप गर्म पानी डालें, अच्छी तरह मिलाएँ। उबाल लाने के लिए या एक उबाल के लिए आंच कम करें और पैन को कवर करें। जब तक लैम्ब / भेड़ / बकरी का मांस नरम / टेंडर हो जाये तक पकाएं। यदि आप खाना पकाते हैं और अधिक पानी डालते हैं तो आपको लैम्ब / भेड़ / बकरी का मांस, जैसा कि वह पकता है, की जाँच करते रहना होगा और यदि पानी सूख जाता है तो उसेमें और अधिक पानी डालना होगा। जलने से रोकने के लिए अक्सर चलते रहो। पकवान जब पक जाता है तो ग्रेवी थोड़ी मोटी होनी चाहिए।
10. जब लैम्ब / भेड़ / बकरी का मांस ग्रेवी पक जाता है, तो कटा हरा धनिया और गर्म चपातियों (भारतीय फ्लैटब्रेड), नान (तंदूर–बेक्डइंडियन फ्लैटब्रेड) या सादे उबले चावल के साथ परोसें।

विविध रूपांतरण

- एक विकल्प के रूप में, आप लैम्ब / भेड़ / बकरी की करी पकाने के लिए प्रेशर कुकर का उपयोग कर सकते हैं और यह खुले बर्तन की तुलना मे आधे समय में पकाने के लिए उपयोग किया जाएगा।
- पकवान के मलाईदार संस्करण के लिए, दही, लहसुन, अदरक, गरम मसाला, और केयेन काली मिर्च के मिश्रण में लैम्ब / भेड़ / बकरी माँस को मिलाएं। मांस को नरम / टेंडर और स्वाद के लिए रात भर रेफ्रिजरेटर में एक जिपर्ड प्लास्टिक बैग में रखें। सॉस को मलाईदार टिक्का मसाला बनाने के लिए, अंतिम 10 मिनट के लिए सॉस में 1 / 2 कप भरी क्रीम मिलाएं।
- इसे पीला बनाने के लिए बासमती चावल के साथ 1 / 2 चम्मच पिसी हुई हल्दी डालें।

- आप चावल में कुछ मटर भी डाल सकते हैं और चावल के बर्तन को 5 मिनट के लिए गर्म कर सकते हैं।

पोषण तथ्य (अनुमानित)

कैलोरी	500 किलो कैलोरी
कुल वसा	30 ग्राम
संतृप्त वसा	14 ग्राम
असंतृप्त वसा	13 ग्राम
कोलेस्ट्रॉल	150 मिलीग्राम
सोडियम	180 मि.ग्रा
कार्बोहाइड्रेट	10 ग्राम
आहार फाइबर	2 ग्राम
प्रोटीन	40 ग्राम

फ्लो चार्ट/प्रवाह चित्र

सभी अवयवों का चयन करें

↓

एक पैन में थोड़ा तेल गरम करें

↓

प्याज डालें, सुनहरा होने तक पकाएँ

↓

एक मिनट के लिए अदरक लहसुन का पेस्ट और सॉस डालें

↓

टमाटर और हरी मिर्च डालें, टमाटर के गलने तक पकाएं

↓

मिर्च पाउडर, धनिया पाउडर, गरम मसाला डालें

↓

इसे अच्छे से मिलाएं

↓

साफ लैम्ब/भेड़/बकरी मांस के टुकड़े डालें

↓

मिश्रण को तब तक मिलाते रहें जब तक लैम्ब/भेड़/बकरी मांस थोड़ा भूरा न हो जाए

↓

पानी डालिये

↓

तब तक पकाएं जब तक कि लैम्ब/भेड़/बकरी मांस नरम/टेंडर रूप में पक न जाए

9. नैटयखनी / नैत्याखनी (NATEYAKHNI)

परिचय

कश्मीर का इतिहास विभिन्न व्यंजन पाक प्रथाओं को दर्शाता है जो कश्मीरी व्यंजनों में समाहित हैं, जो कि भिन्न संस्कृति को मूर्त रूप देते हैं। कश्मीरी घाटी का विशेष मांस व्यंजन वजवान है, जो संजाति विषयक मांस उत्पादों का एक संयोजन है। मांस के साथ विभिन्न सुगंधित मसालों का मिश्रण, नैटयखनी जैसे मांस उत्पादों के लिए आधार है।

इसे प्री–रैगर हॉट डी–बोनड लैम्ब मीट से तैयार किया जाता है। इस कश्मीरी व्यंजन की उत्पत्ति 14वीं शताब्दी में है, जब 1348 में मंगोल शासक तैमूर ने भारत पर आक्रमण किया था, जो अमरकंद से रसोइये को साथ लाया था। नैत्याखनी में एक अलग आकर्षक बनावट और स्वाद–ताल है।

पाक विधि एवं सामग्री

सामग्री– (5 सर्विंग्स)

500 ग्राम कटा हुआ मटन

350 ग्राम दही

5 हरी इलायची

3 लौंग

1 इंच दालचीनी छड़ी

1 चम्मच सोंठ पाउडर

1 तेज पत्ता

2 चम्मच सौंफ के बीज

2 चम्मच नमक

2 लाल मिर्च

1 चम्मच लाल मिर्च पाउडर

150 ग्राम घी

1 चम्मच हल्दी पाउडर

2 चुटकी केसर

बनाने की विधि

1. मटन को धोएं और साफ करें। एक तरफ रखें और मटन के ऊपर थोड़ा गर्म पानी डालें, और इसे 5–7 मिनट के लिए रख दें। पानी को फेंक दें और मटन को फिर से धो लें।
2. एक गहरे तले वाले पैन में घी गरम करें। तेज पत्ती, दालचीनी, लौंग, और लाल मिर्च डालें। धीमी आंच पर तब तक पकाएं जब तक मसाला चटकने न लगे। सुनिश्चित करें कि आप अंत में लाल मिर्च डालें, अन्यथा यह काला हो जाएगा।
3. अब मध्यम आंच पर 5–7 मिनट के लिए मटन, हल्दी, नमक को तलें। आंच को कम करें, मटन के नरम होने तक पकाएं और पूरी तरह से पकाएं। जरूरत पड़ने पर आप थोड़ा पानी मिला सकते हैं।
4. दही को अच्छी तरह से फेंट लें और इसे मटन में मिला लें। सुनिश्चित करें कि मटन खुला है और आंच लौ सबसे कम है। अब सौंफ पाउडर को सूखे अदरक पाउडर के साथ मिलाएं और मटन में डालें।
5. लाल मिर्च पाउडर डालें और मिश्रण के गाढ़ा होने तक पकाएं। अब दूध में केसर घोलें, और मटन डालें। 2–3 मिनट के लिए चलाये, आग से हटा दें और गर्म परोसें।

फ्लो चार्ट/प्रवाह चित्र

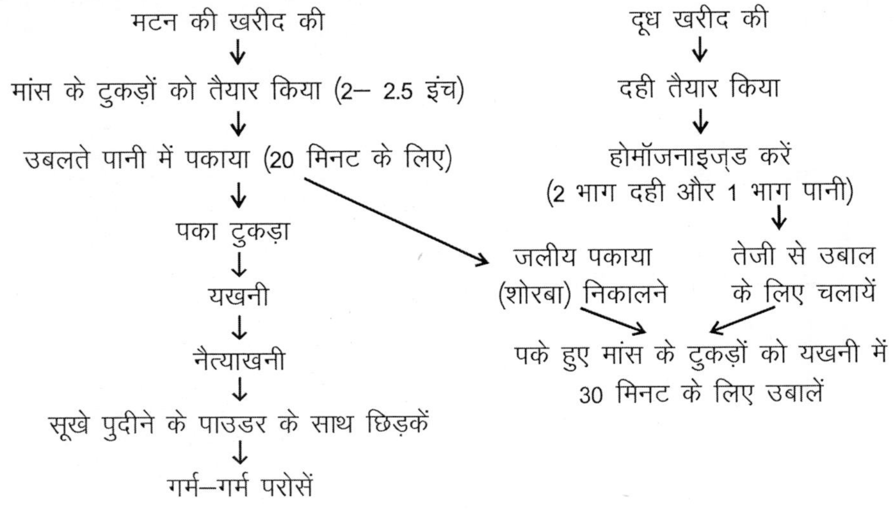

भंडारण और स्व–आयु/शेल्फ–लाइफ

मांस की हैंडलिंग, प्रसंस्करण और भंडारण के लिए वैज्ञानिक दृष्टिकोण की कमी के कारण बहुत सीमित शेल्फ–लाइफ होती है।

कश्मीर वजवान के जातीय मांस उत्पादों को बढ़ावा देने में बाधा–

1. व्यावसायिक पैमाने पर प्रसंस्करण के लिए मानकीकृत प्रौद्योगिकी की अनुपलब्धता।
2. इसके अलावा, किसी भी स्रोत से कोई प्रणालीगत जानकारी उपलब्ध नहीं है।
3. सीमित जीवन–काल या शेल्फ–लाइफ।
4. भंडारण के लिए कोल्ड चेन की अनुपलब्धता और पारंपरिक मांस उत्पादों की लंबी दूरी की शिपमेंट।

इसलिए वितरण के लिए, फारमूलेसन का ज्ञान, प्रसंस्करण अनुकूलन, वाणिज्यिक उत्पादन, उन्नत पैकेजिंग और कोल्ड चेन का ज्ञान निश्चित रूप से इस उत्पाद को एक राष्ट्रीय स्तर पर, और विश्व मानचित्र पर डाल देगा।

10. मटन चुक्का/चुखा (MUTTON CHUKKA)

परिचय

मटन चुक्का भारत के दक्षिणी भाग में तमिलनाडु राज्य के चेट्टीनाड व्यंजनों का एक चटपटा व्यंजन है।

- चुक्का शब्द का अर्थ है 'सूखा मटन'।
- मटन चुक्का अपनी मसालेदार चटपटापन के लिए जाना जाता है।
- यह मटन की एक मसालेदार सूखी पकवान है और अत्यधिक सुगंधित है।
- यह चेट्टीनाड शैली में पकाया जाने वाला मटन की पारंपरिक पकवान है।
- सबसे महत्वपूर्ण घटक घर का बना विशेष चेट्टीनाड मसाला पाउडर है।
- इसे सादा चावल, सादा बिरयानी, जीरा चावल, पुलाव, डोसा, पराठे या किसी भी भारतीय रोटी के साथ परोसा जा सकता है।
- यह पूरे दक्षिण भारत में मांसाहारी रेस्तरां में परोसा जाता है।

पाक विधि एवं सामग्री

मैरिनेट करने के लिए

मटन (भेड़/बकरी का मांस): 450 ग्राम
हल्दी पाउडरः 1/4 चम्मच
अदरक लहसुन का पेस्टः 1/2 चम्मच
लाल मिर्च पाउडरः 1 चम्मच
नमक स्वादानुसार

प्रेशर कुक देने के लिए

लाल छोटा प्याजः 2 बड़ा चम्मच (बारीक कटा हुआ)
लहसुन का पेस्टः 5 फली (बारीक कटी हुई)
हल्दी पाउडरः 1/2 चम्मच
धनिया पाउडरः 3 चम्मच
लाल मिर्च पाउडरः 1 चम्मच
नमक स्वादानुसार
पानीः 1–1½ कप

पीसने के लिए

कसा/घिसा हुआ नारियलः 2 चम्मच
सौंफ के बीजः 1 चम्मच
खसखसः 1 चम्मच

हल्के से तलने के लिए

लौंगः 2 फली
दालचीनीः 1 इंच का टुकड़ा
तेज पत्तीः 1
सौंफ के बीजः 1 चम्मच
करी पत्तेः 1
प्याजः 2 (मध्यम आकार)
टमाटरः 1 (बारीक कटा हुआ)
अदरक लहसुन का पेस्टः 1 चम्मच
लाल मिर्च पाउडरः 1 चम्मच
नींबू का रसः 1 चम्मच
वनस्पति तेलः 3 बड़ा चम्मच

बनाने की विधि

1. मटन को छोटे टुकड़ों में धो कर काट लें। कम से कम 30 मिनट के लिए दी गई सामग्री के साथ मैरिनेट करें।
2. प्रेशर कुकर में, तेल की 1–2 चम्मच गर्म करें और मैरीनेट किया हुआ मटन डालें और कुछ मिनट के लिए भूनें।
3. "प्रेशर कुकर" में दी गई सभी सामग्रियों को अच्छी तरह से मिलाएँ और पूरी तरह से दबाव में आने के बाद लगभग 8–10 मिनट तक पकाएँ। आंच बंद कर दें और इसे तुरंत ठंडा होने दें।
4. वैकल्पिक रूप से, एक पैन में मांस के साथ मिश्रित मांस को ऊपर दिए नंबर 3 सामग्री व 1 कप गर्म पानी के साथ लगभग 20–30 मिनट के लिए पैन पर कवर के साथ पकाए। यह पानी, मांस को पकाने के साथ–साथ यह सुनिश्चित करने में भी मदद करेगा कि यह जले न।
5. इस बीच, सामग्री को 'पीस' कर के रखें।
6. एक कढ़ाई या सॉस पैन में 2 बड़ा चम्मच तेल, लौंग, दालचीनी, तेज पत्ता, सौंफ के बीज और कुछ करी पत्ते के साथ एक मिनट के लिए गरम करें। अदरक–लहसुन पेस्ट, कटा हुआ प्याज, कटा हुआ टमाटर डालें जब तक यह पराभासी न हो जाए।
7. पिसे हुए मसाले डालकर अच्छी तरह से भूनें।
8. इस स्तर पर कुकर/पैन को खोलें और मटन के टुकड़ों को अलग करके अलग रख दें।
9. कडाई में रिजर्व स्टॉक/ग्रेवी डालें और अब लाल मिर्च पाउडर डालें, अच्छी तरह मिलाएँ और नमक मिलाएँ।
10. तब तक चलते रहें जब तक कि अधिकांश पानी वाष्पित न हो जाए (अक्सर जलने से बचने के लिए चलते हैं)।
11. पके हुए मटन के टुकड़े डालें और अच्छी तरह मिलाएँ और तब तक मिलाते रहें जब तक कि मटन के टुकड़े मसाले में अच्छे से मिल न जाएँ और सूख जाएँ और भूरे रंग के हो जाएँ। चूल्हा बंद कर दो।
12. नींबू का रस डालें और अच्छी तरह से मिलाएं और तुरंत स्टोव से हटा दें। एक बार रखने के बाद डिश को एक गहरा छाया मिले जाता है।
13. सादे/दही चावल/चपाती के साथ परोसें।

संवेदी गुणवत्ता

स्वादः मसालेदार

रंगः भूरा रंग

बनावटः सूखी

भंडारण और शेल्फ–लाइफ/स्व–आयु

भंडारण तापमानः कमरे का तापमान।

शेल्फ–लाइफः 10–12 घंटे कमरे के तापमान पर।

गर्म परोसें।

फ्लो चार्ट/प्रवाह चित्र

मटन को धोएं और टुकड़ों में काट लें और सामग्री
के साथ कम से कम 30 मिनट मैरिनेट करें।

↓

प्रेशर कुकर में, 1–2 बड़े चम्मच तेल गरम करें। और
कुछ मिनट के लिए मैरिनेट किया हुआ मटन डालें और तलें।

↓

प्रेशर कुकर के सभी अवयवों को अच्छी तरह मिलाएँ और 8–10 मिनट तक पकाएँ
आंच बंद कर दें और इसे ठंडा होने दें।

↓

वैकल्पिक रूप से मटन को एक नियमित पैन में पकाया जा सकता है।
1 कप गर्म पानी के साथ मांस लगभग 20–30 मिनट के लिए कुक करें।

↓

एक कढ़ाई में 2 जड़े तेल, लौंग, दालचीनी, तेज पत्ता, सौंफ बीज
और करी पत्ते एक मिनट के लिए गरम करें।

↓

अदरक–लहसुन का पेस्ट, कटा प्याज और कटा हुआ टमाटर डालें, जब तक
पारभासी न हो जाए पकायें। पिसा हुआ मसाला डालें और तलें।
मटन पीस अलग करें और अलग रख दें।

↓

कढाई और मटन मसाले (या) लाल मिर्च पाउडर बची हुई ग्रेवी में डालें।
अच्छी तरह से मिलाएं और नमक समायोजित करें।

↓

गाढ़ा होने तक तेज आंच पर हिलाते रहें। पका हुआ मटन मिलाएं और
मटन के टुकड़े सूखने तक पकाते रहें।

↓

आंच से हटायें और नींबू का रस डालें और अच्छी तरह से मिलाएं।

11. मटन दो प्याजा

परिचय

यह प्याज की एक बड़ी मात्रा के साथ तैयार किया जाता है, मसाले और करी दोनों में पकाया जाता है और एक गार्निश के रूप में। खाना पकाने के दौरान प्याज को दो चरणों में डाला जाता है, इसलिए नाम (दो प्याज या 'दो–प्याजा') है। अनुमानतः दो–प्याजा एक मुस्लिम व्यंजन है जो कि 16 वीं शताब्दी के अंत में बनाया गया। नुस्खा को दो प्याज के लिए कहां जाता है, कि एक बेस सॉस में शामिल है, दूसरा खाना पकाने के अंत में लगभग एक गार्निश के रूप में डाला जाता है। कहानी यह है कि एक शाही रसोइए (मुगल सम्राट के लिए) गलती से प्याज का दूसरा भाग डाला था और उसके निबों ने वास्तव में इसका आनंद लिया था, इसलिए यह नसीब से एक मानक पकवान बन गया। यह व्यंजन भारत में पश्चिम बंगाल और हैदराबाद में विकसित हुआ।

पाक विधि एवं सामग्री

मटन के 500 ग्राम
6 मध्यम आकार के प्याज
3 लहसुन लौंग
10 ग्राम अदरक
2 बड़े चम्मच पीसा जीरा
4 बड़े चम्मच वनस्पति तेल
3 हरी इलायची की फली
1 दालचीनी छड़ी
8 काली मिर्च
2 मध्यम आकार के टमाटर
0.5 बड़ा चम्मच हल्दी
1 बड़ा चम्मच गरम मसाला
1.5 बड़ा चम्मच पीसा धनिया
0.5 बड़ा चम्मच मिर्च पाउडर
नमक स्वादानुसार
4 बड़ा चम्मच दही/दही
1 नींबू का रस स्वाद के लिए
1 मुट्ठी कटी हुई ताजा धनिया पत्ती

बनाने की विधि

1. एक नॉन–स्टिक सॉस पैन में तेल गरम करें। साबुत मसाले डालें। एक बार जब वे थोड़ा सिकुड़ जाते हैं, तो कटा हुआ प्याज डालें और ब्राउन होने तक पकाएं, प्याज जितना गहरा होगा, स्वाद उतना ही गहरा होगा।
2. इस बीच, हैंड ब्लेंडर का इस्तेमाल करके टमाटर, अदरक और लहसुन का बारीक पेस्ट बना लें।
3. पाउडर मसाले, नमक और दही को चिकना होने तक फेंटें।
4. मटन को पैन में डालें।
5. टमाटर–दही का पेस्ट डालें और इसे धीरे–धीरे हिलाते हुए पकाएं।
6. हल्दी डालें और अच्छी तरह से हिलाएं।
7. आंच कम करें, कवर करें और 45–50 मिनट के लिए पकाएं, या जब तक कि मांस नरम/टेंडर न हो।
8. कटा हुआ प्याज डालें और हर 10–15 मिनट में चलाये, यह सुनिश्चित करें कि यह सूख नहीं जाता है। आदर्श रूप से, पकवान को अपने सॉस में पकना चाहिए, लेकिन यदि आवश्यक हो, तो पानी का एक छींटा डालें।
9. जब तक मांस नरम/टेंडर है, तब तक मीठे, कटा हुआ प्याज के साथ सॉस को एक मलाईदार स्थिरता तक कम करना चाहिए। यदि यह बहुत सूखा है, तो पानी का एक छींटा डालें।
10. नमक, मिर्च पाउडर, गरम मसाला डालें।
11. आप चाहें तो थोड़ा नींबू का रस डालें।
12. सर्विंग बाउल में डालें और धनिया पत्ती से गार्निश करें।
13. नान, पराठा, चपाती, ब्रेड, उबले हुए चावल या पुलाव चावल के साथ परोसें।

फ्लो चार्ट/प्रवाह चित्र

पैन में तेल डालें
↓
पैन में साबुत मसाले डालें
↓
कटा हुआ प्याज डालें
↓
अच्छी तरह से चलायें और पकाये
↓
टमाटर–अदरक–लहसुन के पेस्ट को, पीसा हुआ मसाले, नमक और दही में डालें
↓
मटन को पैन में डालें
↓
टमाटर–दही के पेस्ट को हल्दी के साथ पैन में डालें और अच्छी तरह से चलाएं
↓
आंच कम करें और 45–50 मिनट तक पकाएं
↓
खाना पकाने में कटा हुआ प्याज का दूसरा चरण डालें
↓
हर 10–15 मिनट पर चलाएं
↓
बचे नमक और मिर्च पाउडर का मिश्रण डालें
↓
अच्छी तरह से चलाएं, और नींबू के रस की कुछ बूँदें डालें
↓
धनिया पत्ती से गार्निश करें

पोषण तथ्य अनुमानित संयोजन (प्रति सर्विंग्स)

अवयव	तथ्य
ऊर्जा	300 किलो कैलोरी
कुल वसा	30 ग्राम
संतृप्त वसा	15 ग्राम
फाइबर	6 ग्राम
प्रोटीन	45 ग्राम
कुल कार्ब्स	10 ग्राम
कोलेस्ट्रॉल	160 मिलीग्राम

संवेदी गुणवत्ता

रंग – भूरा
स्वाद – मसालेदार

12. मटन फ्राई

परिचय

यह बंगाल में एक बहुत ही लोकप्रिय पारंपरिक व्यंजन है और इसका अनुवाद पकाएं मांस के रूप में किया जाता है। मटन/च्यवन के मजबूत स्वाद के साथ बनाई गई यह गाढ़ी ग्रेवी हर बंगाली घराने की पसंदीदा है। मसाले में थोड़ा अधिक, बंगाली मटन करी की यह रेसिपी पारंपरिक कुरकुरी बंगाली लुचि या स्वादिष्ट बंगाली मिष्टी पुलाव के एक भाग के साथ खाये जा सकती है। मटन को पकाने के लिए एक शानदार मांस है, जिसे देखते हुए यह करी के सभी स्वादों में भिगो देता है और यह स्वादिष्ट नुस्खा अगले दिन और भी अच्छा लगता है जब मटन इस खूबसूरत ग्रेवी के स्वाद के साथ संतृप्त होता जाता है।

पाक विधि एवं सामग्री

मारिनडे के लिए

1/2 किलो मटन
1/2 कप दही
1 चम्मच अदरक का पेस्ट
1 चम्मच लहसुन का पेस्ट
1 बड़ा चम्मच सरसों का तेल

ग्रेवी के लिए

2 टेबलस्पून सरसों का तेल
2 तेज पत्ता
2 काली इलायची
3–4 हरी इलायची
1 इंच दालचीनी
2–3 लौंग
3–4 सूखी लाल मिर्च
1 चम्मच चीनी

1 और 1/2 कप प्याज के पतले–पतले टुकड़े
1 चम्मच कटी हुई अदरक
1 चम्मच कटा हुआ लहसुन
1/2 कप कटा हुआ टमाटर
2 चम्मच धनिया पाउडर
1 चम्मच हल्दी पाउडर
2 चम्मच कश्मीरी लाल मिर्च पाउडर
1 चम्मच जीरा पाउडर
नमक स्वादानुसार
1/2 टीस्पून गरम मसाला पाउडर
2 चम्मच नींबू का रस
ताजा धनिया
(चम्मच = चाय चम्मच)
(टेस्पून = टेबल स्पून)

भंडारण और स्व–आयु/शेल्फ–लाइफ

कमरे के तापमान पर 6 घंटे तक
रेफ्रिजरेटर में 3–4 दिन

संवेदी गुणवत्ता

मसालेदार स्वाद

फ्लो चार्ट/प्रवाह चित्र

मैरिनेड के लिए सभी सामग्री मिलाएं और 3–4 घंटे के लिए रख दें
↓
प्रेशर कुकर में सरसों का तेल गरम करें
↓
काली इलायची, हरी इलायची, दालचीनी और लौंग थोड़ा क्रश करें
↓
तेल गरम होने पर तेज पत्ती, कुचला गरम मसाला, सूखा लाल मिर्च और चीनी डालें और कुछ सेकंड के लिए भूनें
↓
प्याज डालें और थोड़ा ब्राउन होने तक भूनें
↓

अदरक और लहसुन डालें और अच्छी तरह से ब्राउन होने तक भूनें

↓

टमाटर डालें और 2 मिनट तक पकाएं

↓

मटन के टुकड़े भी मिलाएं और तेज आंच पर 5–6 मिनट तक भूनें

↓

धनिया, हल्दी, लाल मिर्च और जीरा पाउडर और नमक डालें, 2–3 मिनट तक पकाएं

↓

एक कप पानी डालें और मटन के पकने तक प्रेशर कुक करें

↓

आंच से प्रेशर कुकर निकालें और प्रेशर रिलीज होने दें

↓

ढक्कन खोलें और गरम मसाला पाउडर डालें और नींबू का रस और अच्छी तरह से मिलाएं

↓

एक बार और 3–4 मिनट तक पकाएं जब तक कि ग्रेवी थोड़ी गाढ़ी न हो जाए

↓

ताजा धनिया से गार्निश करें

↓

परोठा / लुची / पुलाव के साथ गरम परोसें

13. मटन कोशा

परिचय

मटन कोशा को 'कोशा मंगशो' के नाम से भी जाना जाता है। मटन कोशा एक प्रतिष्ठित बंगाली व्यंजन है। शब्द ''कोशा'' का अर्थ ''भूना'' या तलने के समान है, जिसका अर्थ है धीरे–धीरे धीमी आंच पर ग्रेवी को बहुत लंबे समय तक पकाने से समृद्ध भूरी ग्रेवी और मुंह में मटन के टुकड़ों को पिघलाना। यह किसी भी अन्य मटन करी की तुलना में कम ग्रेवी है। तैयारी की इस पद्धति में मटन के स्वाद और नमी को बनाए रखना शामिल है जिसमें धीमी गति से खाना पकाने तरीकों का उपयोग किया जाता है।

पाक विधि एवं सामग्री

मारिनडे के लिए

1 किलो मटन

प्याज – 100 ग्राम

लहसुन – 5 ग्राम
दही – 100 ग्राम
नमक – 15 ग्राम
हल्दी – 5 ग्राम
गरम मसाला – 3 ग्राम
उपरोक्त अवयवों को पीसकर मटन पर मैरिनेट करने के लिए पेस्ट बना लें।

करी के लिए

तेजपत्ता – 6 टुकड़े
सूखे लाल मिर्च – 4 टुकड़े
लौंग – 10 टुकड़े
दालचीनी – 1 बड़ा
इलायची (काला – 1 टुकड़ा/हरा – 10 टुकड़ा)
हरी मिर्च – 20 ग्राम
लहसुन – 10 ग्राम (हरी मिर्च का पेस्ट बनाएं– लहसुन पेस्ट)
धनिया – 3 ग्राम
जीरा – 3 ग्राम
कश्मीरी लाल मिर्च – 3
पानी – 100 ग्राम (इन सामग्रियों को मिलाएं और एक पेस्ट में बनाएं)
सरसों का तेल– 20 ग्राम
घी – 5 ग्राम
दही – 150–200 ग्राम
चीनी – 10 ग्राम
नमक – 8 ग्राम
कटा हुआ प्याज – 400 ग्राम

बनाने की विधि

मैरिनेशन

मटन को पहले बताई गई सामग्री से तैयार मैरिनेड के साथ मैरिनेट करें और 1 घंटे के लिए मैरिनेशन के लिए रख दें।

पकाना

20 ग्राम सरसों के तेल को तब तक गर्म करें जब तक कि यह हल्का गर्म न हो जाए और हल्के पीले रंग में बदल जाए। इसे सूखे लाल मिर्च, तेज पत्तियों, इलायची, लौंग, दालचीनी के साथ मिलाएं। फिर प्याज डालें और भूरा होने तक भूनें।

हरी मिर्च–लहसुन का पेस्ट डालें, इसे हिलाएं और 4–5 मिनट तक प्रतीक्षा करें। फिर मसाले डालें, इसे 10 मिनट तक हिलाएं। अब मांस डालें और मध्यम आंच पर इसे अक्सर हिलाएं। 15 मिनट के लिए मांस पकाएं।

अब हमें दही मिलाना चाहिए। दही को मिलाने से पहले, इसे गांठ रहित बनाने के लिए इसे अच्छी तरह से पीटा जाना चाहिए। मध्यम आँच पर भूनते रहें। फिर नमक और चीनी डालें।

यह नियंत्रित ब्राउनिंग की प्रक्रिया है। इसलिए इसे बार–बार हिलाएं वरना करी जलेगी और कड़वी लगेगी।

इसमें 2 कप पानी डालें और तेज आंच (10 मिनट) पर प्रेशर कुक करें। भाप को ठंडा होने दें, फिर कुकर का ढक्कन खोलें। मटन अपने वसा को बाहर निकालता है और तेल शीर्ष पर अलग हो जाएगा।

अब धीमी आंच पर 15–20 मिनट तक सभी पानी को वाष्पित होने तक पकाएं।

पोषण संबंधी अनुमानित संयोजन (1 कटोरी परोस)

कैलोरी	292 कैलोरी
वसा	19 ग्राम
प्रोटीन	31 ग्राम
कार्बोहाइड्रेट	1 ग्राम
आहार फाइबर	4 ग्राम

संवेदी गुणवत्ता

रंग – ब्राउन

स्वाद – मसालेदार

फ्लो चार्ट/प्रवाह चित्र

20 ग्राम सरसों का तेल

↓

सूखे लाल मिर्च, तेज पत्तियाँ, इलायची, लौंग और दालचीनी डालें

↓

कटा हुआ प्याज – 400 ग्राम डालें

↓

हरी मिर्च–लहसुन का पेस्ट डालें (4–5 मिनट)

↓

मसाले डालें (10 मिनट)

↓

मैरिनेट किया हुआ मटन (मध्यम आंच)

↓

दही/दही

↓

नमक और चीनी डालें

↓

जलने से रोकने के लिए इसे अक्सर चलाएं

↓

2 कप पानी डालें

↓

तेज आंच पर प्रेशर कुक (10 मिनट)

↓

धीमी आंच पर तब तक पकाएं, जब तक कि सारा पानी न निकल जाए

↓

मटन कोशा (पराठे या पुलाव के साथ परोसें)

14. रिस्ता

परिचय

रिस्ता एक मुंह में पानी लाने वाला, 'कश्मीरी वजवान' का प्रसिद्ध व्यंजन है। इसे लाल मिर्च पाउडर और अन्य मसालों में बहुत ही खास तरीके से तैयार किया जाता है। एक वजवान की मूल शर्त यह है कि इसकी तैयारी के लिए ताजे वध किए गए मांस का उपयोग किया जाता है। रिस्ता में डालें हुआ वसा (20%), नमक, जीरा और इलायची के बीज के साथ मांस के पायस से तैयार एक पुनर्गठन मांस उत्पाद है। पायस मटन से तैयार किया जाता है जो स्थानीय, जातीय या क्षेत्रीय स्वाद पर निर्भर करता है। रिस्ता मांस बॉल्स की तरह ही है, लेकिन नरम और

स्वादिष्ट है। इन्हें तैयार करने के लिए हमें कीमा बनाया हुआ मांस (कीमा) की आवश्यकता होती है।

पाक विधि एवं सामग्री

मटन – 1/2 किलो
अदरक – 1/2 इंच के टुकड़े
हरी मिर्च – 8–9
धनिया पत्ती – 1 गुच्छा
लहसुन – 7–8 लौंग
प्याज – 2 (मध्यम आकार)
जीरा – 1 चम्मच
इलायची भूरी – 1 फली
इलायची हरी – 4 फली
तेजपत्ता – 6–7 नं
जायफल – 6–7 नं
लाल मिर्च पाउडर – एक छोटी चुटकी
हल्दी पाउडर – 1/4 चम्मच
धनिया पाउडर – 1 चम्मच
टमाटर – 2 (मध्यम आकार)
नमक – आवश्यकतानुसार
काली मिर्च – 6 नं
सरसों का तेल – 200 मि.ली

बनाने की विधि

1. बोनलेस कीमा बनाया हुआ या कटा हुआ मटन लें और लकड़ी के हथौड़े का उपयोग करके मैश करें। यह कुछ समय लेने जा रहा है इसलिए इसे तब तक करें जब तक कि मांस पेस्ट की तरह न दिखे। मेशिंग करते समय मटन में सभी वसा लाइनों को बाहर निकालने की कोशिश करें।

2. अब अदरक, लहसुन और हरी मिर्च को बिना पानी डाले पीस लें। एक कटोरे या प्लेट में कीमा बनाया हुआ मटन लें, उसमें पिसी हुई मिर्च, धनिया पत्ती, नमक और तली हुई प्याज डालें।

3. लगभग 3 इंच व्यास की गोल बॉल्स बनाने के लिए इसे अच्छी तरह मिलाएं।

4. कडाई/पैन में गोल बॉल्स रखें और धीमी आंच पर 10 मिनट तक पकाएं।

5. अब नॉन स्टिक पैन में तेल गर्म करें और पकी हुई बॉल्स को डीप फ्राई करें और अलग रख दें।
6. ग्रेवी के लिए, कड़ाही को तेल से गर्म करें, उसमें प्याज डालें और मध्यम आँच पर पकाएँ जब तक प्याज हल्के सुनहरे भूरे रंग के न हो जाएँ। अब अदरक, लहसुन, जीरा, इलायची, काली मिर्च और जायफल को पीस लें। इस लौकी के मसाले को तले हुए प्याज में डालें। लाल मिर्च पाउडर, हल्दी पाउडर, धनिया पाउडर, तेजपत्ता, टमाटर और नमक डालें। तेल अलग होने तक पकाएं। अब ग्रेवी और 1 कप पानी में तली हुई गोल बॉल्स डालें। 5 मिनट तक मध्यम आंच पर ढककर पकाएं। रिस्ता तैयार है और चपाती या चावल के साथ परोसें।

फ्लो चार्ट/प्रवाह चित्र

बनाया हुआ मांस कीमा

↓

लकड़ी के हथौड़ा का उपयोग करके मांस का मैशिंग करें

↓

अदरक, लहसुन और हरी मिर्च को पीस लें

↓

यह कीमा बनाया हुआ मांस में डालें

↓

बैटर को बॉल्स में रोल करें

↓

इसे धीमी आँच पर 10 मिनट तक पकाएं

↓

बॉल डीप फ्राई करें

↓

एक पैन में प्याज भूनें और सुनहरा भूरा होने तक पकाएं

↓

सभी मसालों को पीस लें और तले हुए प्याज में मिलाएं
सुगंधीत स्वादिष्ट मसाला और नमक को मिलाएं

↓

तेल अलग होने तक पकाएं

↓

ग्रेवी में, तली हुई गोल बॉल्स डालें, फिर से 5 मिनट के लिए मध्यम आँच पर पकाएँ

↓

रिस्ता तैयार है और चपाती/चावल के साथ गरम परोसें

भंडारण और स्व–आयु/शेल्फ–लाइफ

- कमरे के तापमान पर 4–5 घंटे के लिए संग्रहित किया जा सकता है।
- रेफ्रिजरेटर पर 4 दिनों के लिए संग्रहित किया जा सकता है।

संवेदी गुणवत्ता

रंग और रूपः बेहद आकर्षक

स्वादः बहुत अच्छा

रचना रेटिंगः बहुत अच्छा

सुगंधः बहुत बढ़िया

सभी स्वीकार्यता परः अत्यधिक स्वीकार्य

15. गुश्तबा

परिचय

गुश्तबा कश्मीरी व्यंजनों की एक डिश है। मिठाई से पहले एक भोज में परोसा जाने वाला अंतिम व्यंजन गुश्तबा है। यह दही और मसालों में पकाया जाने वाला कीमा बनाया हुआ मटन बॉल्स की एक डिश है। भारत के कश्मीरी मुसलमानों द्वारा गुश्तबा को "राजाओं का व्यंजन" कहा जाता है।

पाक विधि एवं सामग्री

बहुत बारीक कीमा बनाया हुआ मेमना मटन (800 ग्राम बोनलेस और 200 ग्राम मीटफैट)

1 टेबल स्पून नमक

2.5 टेबल स्पून सौंफ पाउडर

1 टेबल स्पून जीरा पाउडर

1/2 टेबल स्पून साबुत जीरा

1 चम्मच दालचीनी पाउडर

2 कुचली हुई काली इलायची

2 टेबल स्पून काली इलायची के दाने

2 कुचली हुई इलायची

5 कुचली लौंग

2 तेज पत्ता
2 करछुल सरसों का तेल
1 टेबल स्पून शुद्ध घी
1 चाय चम्मच धनिया पाउडर
1 टेबल स्पून सूखे मेथी के पत्तों का पाउडर
1'×1' सफेद पतले सूती कपड़े
3 मध्यम आकार कटा हुआ प्याज
1.5 कप दही
1 अंडा
1 बड़ा गहरा पैन
धनिया पत्ती या पुदीना गार्निश करने के लिए।

बनाने की विधि

- एक कटोरे में कीमा बनाया हुआ मटन लें (यह सामान्य घरेलू मूसल और मोर्टार में मटन को कीमा बनाने के लिए बेहतर है जब तक कि यह ठीक बनावट न मिल जाए)।
- इसमें काली इलायची के दाने, 1/2 टेबल स्पून नमक, ½ लड्डू सरसों का तेल डालें, अंडे की सफेदी मिलाएं और अच्छी तरह मिलाएं।
- पतले सफेद कपड़े को अच्छी तरह से धोएं ताकि गंदगी या स्टार्च को हटाया जा सके।
- नमक, सौंफ पाउडर, जीरा पाउडर, दालचीनी पाउडर, इलायची और काली इलायची पाउडर, लौंग, धनिया और सूखे मेथी पत्तों के पाउडर को कपड़े में मिलाएं और सुखा तरीके से एक गाँठ बनाएं ताकि सभी सामग्री इसके अंदर रहें।
- एक बड़े गहरे पैन में एक लीटर पानी डालें और कपड़े को मसाले और तेज पत्ते के साथ भिगोएँ और इसे पूरी आंच पर गर्म करें।
- बारीक मटन बॉल्स बनाएं (प्रत्येक 30 ग्राम) और जैसे ही पैन में सामग्री उबलने लगे उन्हें पैन में डालें। इसे मध्यम आंच में उबालें जब तक कि शोरबा वाष्पित न हो जाए।
- एक कटोरे में एक कप पानी डालें और मसाले की थैली को निकाल लें, इसे कटोरे में पानी में डुबोकर निचोड़ लें।

- इस पानी को पैन में डालें और इसे फिर से 30 सेकंड के लिए उबालें
- पैन को निकालें और फ्राई पैन को पूरी आंच पर रखें और जैसे ही धुंआ दिखाई दे तो कटा हुआ प्याज डालें और उन्हें भूरा होने पर पीस लें।
- पैन में जीरा को फेंटे हुए दही और कुचले हुए प्याज के साथ मिलाएं, इसे लगातार चलाते हुए, दही के थका को रोकने के लिए जब तक यह ठीक से उबलने न लगे तब तक दही को अच्छे से फेंटें।
- इस मिश्रण और मीट बॉल्स में शुद्ध घी डालें और धीमी आंच पर 5 मिनट तक पकाएं।
- इसे धनिया या पुदीने की पत्तियों से गार्निश करें।
- उबले हुए चावल के साथ परोसें।

पोषण संबंधी अनुमानित संयोजन

कैलोरी	5000 किलो कैलोरी
वसा	400 ग्राम
प्रोटीन	220 ग्राम
कार्बोहाइड्रेट	50 ग्राम

16. तबक माज

परिचय

तबाक माज कश्मीर के सबसे लोकप्रिय स्नैक व्यंजनों में से एक है। चटकारे लेने की रेसिपी मेमने की पसलियों, दूध, घी और मसालों के मेलजोल का उपयोग करके बनाई जाती है। तबक माज भेड़ के मांस के रिब भाग से बने वजवान का एक लोकप्रिय उत्पाद है। सभी आयु वर्ग के लोगों द्वारा ऐपेटाइजर को तरह अच्छी से पसंद किया जाता है। मेमने या मटन की पसलियों को छोटे टुकड़ों में काटा जाता है, मध्यम भाप से पकाया जाता है, और नमक और हल्दी के साथ लगाया जाता है। पसली की हड्डियों को हटा दिया जाता है, और केवल मांस के टुकड़े को उबलते हुए देसी घी में हल्की आंच में अधिक समय तक पकाया जाता है।

तैयार उत्पाद प्रकृति में खस्ता हो जाता है और सूखे टुकड़ों के रूप में परोसा जाता है। पॉट लक, बुफे, खेल रात, किटी पार्टी, जन्मदिन और अन्य सभी विशेष अवसरों के दौरान यह नुस्खा परोसा जाता है।

पाक विधि एवं सामग्री (2.0 किलो परोसा के लिए)

मेमने की पसलियाँ या चॉप – 2.0 किग्रा
नमक – 20 ग्राम
केयेन काली मिर्च – 1.25 ग्राम
पिसी सौंफ बीज – 5.0 ग्राम
अदरक का पेस्ट – 5.0 ग्राम
हल्दी पाउडर – 5.0 ग्राम
तेजपत्ता – 3–4
लौंग – 4–5 नग
इलायची – 4–5 नग
दालचीनी की छाल – 1–2 छड़ी
पूरा दूध – 100 मि.ली.
घी या मक्खन या सब्जी – 10–15 मि.ली.
लहसुन का पेस्ट – 5.0 ग्राम
धनिया पत्ती – गार्निशिंग के लिए

बनाने की विधि

ताजे युवा भेड़ से मांस (रिब भाग) लें
↓
एक बड़े कटोरे में पसलियों को मिलाएं, नमक, कैयेन काली मिर्च, सौंफ, अदरक डालें, हल्दी, तेज पत्ता, लौंग, इलायची, दालचीनी, दूध, और 1/2 कप पानी।
↓
एक उबाल आने के बाद, फिर मांस को (30–45 मिनट) टेंडर होने तक कभी–कभी चलते हुए पकायें, आवश्यकता होने पर पानी डालें।
↓
जब पसलियां नरम/टेंडर होती हैं, तो उन्हें हटा दें। अगर कोई तरल बनी रहती है, गर्म करके सुखाएं।
↓
इलायची की फली, लौंग, दालचीनी की छड़ी, और तेजपत्ते निकालें।
↓
मध्यम आंच पर पैन में मक्खन लें और पसलियों को भूरा करें। पसलियों को गर्म प्लेट में निकालें और लगभग 1/2 कप पानी कढ़ाई में डालें।
↓
एक बार फिर, मध्यम आँच पर, लकड़ी के चम्मच से हिलाते हुए पकाएँ जब तक तरल कम होकर आधा न हो जाए।

पसलियों के ऊपर डालो, धनिया साथ गार्निश करें और परोसें।

पोषण संबंधी अनुमानित संयोजन

पोषण संबंधी तथ्य (प्रति 100 ग्राम): उच्च गुणवत्ता वाले प्रोटीन और वसा की प्रशंसनीय मात्रा के साथ तबक माज अत्यधिक पौष्टिक है। इसमें महत्वपूर्ण खनिज भी होते हैं।

कैलोरी	820 किलो कैलोरी
वसा से कैलोरी	660 किलो कैलोरी
कुल वसा	70 ग्राम
कोलेस्ट्रॉल	190 मिलीग्राम
सोडियम	95 मिलीग्राम
पोटैशियम	300 मिलीग्राम
कुल कार्बोहाइड्रेट	1.8 ग्राम
शुगर	0.8 ग्राम
आहार फाइबर	0.4 ग्राम
प्रोटीन	34 ग्राम
विटामिन सी	0.6 मिलीग्राम
लोहा	2.5 मिलीग्राम
कैल्शियम	65 मिलीग्राम

17. आब–गोश

परिचय

आब–गोश एक अन्य कश्मीरी पारंपरिक मांस उत्पाद है, जो कशेरुक स्तंभ के त्रिक क्षेत्र से मांस का उपयोग करके तैयार किया जाता है। यह एक अद्भुत मांस करी है, स्वादिष्ट है, अपने स्वयं के असाधारण स्वाद के साथ, बहुत मसालेदार नहीं है। इसे दूध के साथ पकाया जाता है। इस करी में पूरे मसाले का एक शानदार मिश्रण होता है, जिसमें करी में शामिल ग्रेवी को इसकी गुणवत्ता के साथ मटन में शामिल किया जाता है, जिसमें कुछ अन्य मसाले भी शामिल होते हैं। यह सुनिश्चित करने के लिए कि यह कुछ दिनों के लिए संग्रहित किया जाया, थोड़ा सिरका और इमली के रस के साथ करी भी डाली जाती है।

पाक विधि एवं सामग्री

नरम/टेंडर मटन – 500 ग्राम

दूध – 250 मिली

इलायची कुचली – 2.5 ग्राम
लौंग – 3 नग
इलायची (काला) – 3 नग
गदा – 1 नं।
नमक – 5–7 ग्राम
सौंफ पाउडर – 1 बड़ा चम्मच
अदरक पाउडर – 1 चाय चम्मच
लहसुन कुचला – 4 नं
ब्राउन प्याज का पेस्ट – 40 ग्राम
पीपर पाउडर – 2 ग्राम
घी – 20 मिली लीटर
पानी – 200 मिली (या आवश्यकतानुसार)

बनाने की विधि

आब–गोश की तैयारी के लिए, भेड़ के मांस का चयन महत्वपूर्ण है। कम आयु समूह से भेड़ के मांस का चयन करें जो अपेक्षाकृत नरम/टेंडर हो। जानवरों को उस दिन ताजा वध किया जाना चाहिए जिसमें उत्पाद आब–गोश को संसाधित किया जाना है। आब–गोश की तैयारी के लिए, मेमने या मटन को नमक, अदरक, सौंफ पाउडर, लहसुन के पेस्ट के साथ पानी में उबाला जाता है। फिर दूध को हरी इलायची, प्याज, काली मिर्च और घी जैसे मसालों के साथ उबाला जाता है, जिसमें लैंब या मटन मिलाया जाता है। दूध की करी के साथ मांस को तब तक अच्छी तरह से चलाया–हिलाया जाता है जब तक कि यह अच्छी तरह से उबल न जाए।

फ्लो चार्ट/प्रवाह चित्र

मेमने के त्रिक क्षेत्र से मांस ले (ताज़ा वध वाले जानवर)

↓

एक कटोरी लें, पानी, मटन, कुचला हुआ लहसुन, अदरक पाउडर डालें,
सौंफ पाउडर, नमक, गदा, इलायची, लौंग को एक–एक करके मिलाएं
और ढक्कन रखें, इसे तब तक पकने दें जब तक कि मांस नरम/टेंडर न हो

↓

एक अन्य कटोरे में, दूध, कुचली इलायची डालें, दूध तब तक उबालें
जब तक घट कर आधा न हो जाये

↓

एक पैन लें और घी या परिष्कृत वनस्पति तेल (बेहतर स्वाद के लिए घी का उपयोग करें) डालें, प्याज का पेस्ट भूरा होने तक भूनें

↓

अर्ध पका मटन के टुकड़े डालें, जबकि यह अभी भी गर्म है और इसे कुछ समय लिए पकाना है।

↓

काली मिर्च पाउडर, नमक डालें, कम किया हुआ दूध और मटन स्टॉक डालें, इसे धीमी आंच में 5 मिनट तक पकाएं, फिर आंच बंद कर दें।

पोषण संबंधी अनुमानित संयोजन

पोषण संबंधी तथ्यः आब–गोश्त अत्यधिक पौष्टिक खाद्य पदार्थ हैं जो प्रोटीन, दूध के ठोस पदार्थ और खनिजों से भरपूर हैं। वसा सामग्री में समृद्ध होने के कारण इसका उच्च कैलोरी मान है।

18. निहारी

परिचय

निहारी भारतीय उपमहाद्वीप का एक मांस पकवान है जिसमें मुख्य रूप से मेमने और मटन, बकरी के मांस और चिकन के मांस के साथ–साथ अस्थि मज्जा का मांस होता है। यह हल्की मसालेदार मांस शोरबा है जिसमें विडा नमक, जीरा और हींग का उपयोग किया जाता है। यह प्राचीन भारत के प्रारंभिक मध्ययुगीन काल में उच्च श्रेणीबद्ध था।

निहारी या तो 18 वीं शताब्दी के अंत में हैदराबाद या पुरानी दिल्ली में उत्पन्न हुआ, जो मुगल साम्राज्य के अंतिम सिंहासन के दौरान या अवध के शाही रसोई (आधुनिक लखनऊ) उत्तर प्रदेश, भारत में हुआ। निहारी पाकिस्तान और बांग्लादेश में भी लोकप्रिय है। इसमें आम सर्दी और अन्य संबंधित बीमारियों से राहत के लिए प्रयोग भी था।

इस चटपटी मसालेदार स्वादिष्ट डिश को निहारी गोश्त के नाम से भी जाना जाता है। इसमें इलायची, दालचीनी की छाल, मिर्च, तेजपत्ता, जायफल को दही और गुलाबजल के साथ मिलाकर उपयोग किया जाता है। केसर डिश में विदेशी और सुगंधित स्वाद जोड़ता है। यह उत्तम मांस व्यंजन है, जो गुलाबजल की सुगंध से सराबोर होता है।

पाक विधि एवं सामग्री

बकरी या भेड़ का मांस (हड्डी के साथ) = 1.0 किग्रा
परिष्कृत वनस्पति तेल – 30 मिली
हरी इलायची – 3–4 टुकड़े
दालचीनी की छाल – 5.0 ग्राम
काली इलायची (बड़ी) – 2–3 टुकड़े
तेज पत्ता – 2–3 टुकड़े
हल्दी पाउडर – 5.0 ग्राम
पानी – 45 मिली लीटर
अदरक–लहसुन पेस्ट (1: 1) – 5.0 ग्राम
धनिया पाउडर – 5.0 ग्राम
लाल मिर्च पाउडर – 5.0 ग्राम
लहसुन (पिसी हुई), तला हुआ – 5.0 ग्राम
प्याज (पिसी हुई), तला हुआ – 5.0 ग्राम
दही/दही (पीटा) – 45 ग्राम
गुलाबजल – 10 मिली
गर्म मसाले – 10.0 ग्राम
जायफल–इलायची पाउडर – 2.5 ग्राम
केसर, (भीगा) – 2.5 ग्राम
टेबल नमक – 10.0 ग्राम

वैकल्पिक सामग्री: इटार, गेहूं का आटा, ताजा धनिया पत्ती और अदरक

बनाने की विधि

कड़ाही में तेल गरम करें और हरी इलायची, दालचीनी, लौंग, काली इलायची और तेजपत्ते डालें
↓
मांस को हल्के से तला हुआ तक डालें
↓
नमक और हल्दी डालकर अच्छी तरह मिलाएँ
↓
पानी डालें, पैन को कवर करें और पकाएं
↓

उबलते समय, अदरक–लहसुन का पेस्ट, धनिया पाउडर, लाल मिर्च, लहसुन का पेस्ट और प्याज का पेस्ट डालें

↓

अच्छी तरह से मिलाएं और दही, गुलाब–जल, गर्म मसाले, जायफल, दालचीनी पाउडर और केसर डालें

↓

2–3 मिनट तक ढककर पकाएं

↓

एक भारी तले के पैन में मांस को स्थानांतरित करें और ग्रेवी को तनाव दें

↓

इटार (वैकल्पिक) की कुछ बूँदें डालें और पैन को कवर करें

↓

इसे गेहूं के आटे से सील करें और धीमी आग पर पकाएं

↓

एक बार हो जाने पर, ताजा धनिया से गार्निश करें और परोसें

पोषण संबंधी अनुमानित तथ्य संयोजन (प्रति 250 ग्राम)

कैलोरी	270 किलो कैलोरी
कुल वसा	20 ग्राम
संतृप्त वसा	5 ग्राम
ट्रान एस वसा	0,4 ग्राम
कोलेस्ट्रॉल	55 मिग्रा
सोडियम	90 मि.ग्रा
पोटैशियम	240 मि.ग्रा
कुल कार्बोहाइड्रेट	7 ग्राम
आहार फाइबर	1.3 ग्राम
शुगर	0.1 ग्राम
प्रोटीन	17 ग्राम

19. बोटी कबाब

परिचय

बोटी कबाब जैसे स्वादिष्ट व्यंजनों से लखनऊ रोमांचित है। यह पार्टियों के लिए व्यंजनों एक साथ एक सही क्षुधावर्धक नुस्खा है। कबाब मटन के टुकड़ों का उपयोग करके यह कबाब रेसिपी तैयार की जाती है, जिसे पपीते के पेस्ट, हरी मिर्च के पेस्ट और लहसुन के पेस्ट के साथ अच्छी तरह से मैरिनेट किया जाता है। इन

मैरिनेट किए गए मटन के टुकड़ों को मसालों के एक मोलेंज के साथ पकाया जाता है और फिर कटार में पूर्णता के लिए ग्रील्ड किया जाता है। इस उत्तर भारतीय रेसिपी की सबसे अच्छी बात यह है कि आप उन्हें स्टार्टर के रूप में और रूमली रोटी के साथ–साथ रात के खाने में भी आनंद ले सकते हैं। ये वनस्पति कबाब त्योहारों के मौसम या परिवार और दोस्तों के साथ दावत के लिए विशेष अवसरों के दौरान तैयार किए जाते हैं। रसीले मटन क्यूब्स को असंख्य मसालों में मैरिनेट किया जाता है और सुगंधित केसर, गुलाब की पंखुड़ी और नारियल में पकाया जाता है। कबाब में लिप्त और उत्सव का आनंद लें सकते हैं।

रेसिपी/पाक विधि एवं सामग्री

मटन क्यूब्स – 1.0 किग्रा
अदरक का पेस्ट – 50.0 ग्राम
कच्चा पपीता – 100 ग्राम पेस्ट
सफेद प्याज का पेस्ट – 100 ग्राम
ब्राउन प्याज, बारीक कटा हुआ – 150 ग्राम
देसी घी – 150 ग्राम
पीली मिर्च पाउडर – 5 ग्राम
धनिया पाउडर – 5 ग्राम
टेबल नमक – 10 ग्राम
गरम मसाला – 5 ग्राम
चना दाल, भुना हुआ – 20 ग्राम
दही – 100 ग्राम
गुलाब की पंखुड़ियों का पेस्ट – 5 ग्राम
केसर – 1 ग्राम
खसखस का पेस्ट – 300 ग्राम
काजू का पेस्ट – 10 ग्राम
बादाम का पेस्ट – 10 ग्राम
चिरौंजी का पेस्ट – 10 ग्राम
नारियल पाउडर – 5 ग्राम
केवरा – 2 मिली
लौंग – 4 टुकड़े
हरी इलायची – 6 टुकड़े

बनाने की विधि

एक बड़ा कटोरी लें, धोया हुआ मटन क्यूब्स डालें, अदरक, पपीता और प्याज का पेस्ट, दही, धनिया, मिर्च पाउडर और चना मसाला पाउडर, नमक और भूरा प्याज डालें।

↓

अच्छी तरह मिलाये, और रेफ्रिजरेटर में या 1 से 2 घंटे के लिए ठंडे स्थान पर रखें।

↓

एक कड़ाही में घी डालें और आंच पर रखे, फिर लौंग और इलायची डालें, भूनने के बाद मैरिनेट किया हुआ मटन, पानी, भुना चना पाउडर डालें और जोर से चलायें। मध्यम आंच पर रखें, 15 मिनट के लिए ढक दें।

↓

15 मिनट के बाद, ढक्कन को हटा दें, काजू, बादाम, चिरौंजी का पेस्ट, नारियल पाउडर, गुलाब की पंखुड़ियों और खसखस का पेस्ट डालें। एक करछुल के साथ मिलायें और 5–10 मिनट के लिए भूनें।

↓

अब केसर पानी और केवड़ा पानी डालें, 2–3 बार चलायें और ढक्कन बंद करके आंच से उतार लें।

↓

बारीक प्याज के छल्ले और धनिया पत्ती से गार्निश करें।

20. मटन/चेवॉन कीमा

परिचय

मटन कीमा एक स्वदेशी, स्वादिष्ट मांस उत्पाद है जो निम्न श्रेणी मांस के साथ सस्ते कट को मसालों और सीजनिंग के साथ तैयार किया हुआ कीमा बनाया जाता है। इसकी उच्च भंगुरता के कारण इसका ताजा सेवन किया जाता है जो मुख्य रूप से सूक्ष्मजीव से खराब होने के कारण होता है। अधिकांश पारंपरिक और नव खाद्य पदार्थों की माइक्रोबियल स्थिरता और सुरक्षा कई कारकों (बाधा) के संयोजन पर आधारित होती है जिन्हें भोजन में मौजूद सूक्ष्मजीवों द्वारा दूर नहीं किया जा सकता है।

रेसिपी/पाक विधि एवं सामग्री

कीमा बनाया हुआ मांस या कीमा – 500 ग्राम
परिष्कृत वनस्पति तेल – 50 मिली

प्याज का पेस्ट – 40 ग्राम
हरी मिर्च – 4.0 ग्राम
अदरक लहसुन का पेस्ट – 5.0 ग्राम
टेबल नमक – 5–8 ग्राम
हल्दी पाउडर – 1.5 ग्राम
लाल मिर्च पाउडर – 3.0 ग्राम
टमाटर कटा हुआ – 100 ग्राम
गर्म मसाला पाउडर – 2.5 ग्राम
काली मिर्च पाउडर – 2.5 ग्राम
पानी – 150 मिली
ताजा धनिया पत्ती – 10 ग्राम
सूखे मेथी के पत्ते – 2.0 ग्राम

मटन कीमा बनाने की विधि

बकरी का मांस और वसा अन्य अवयवों के साथ पीसा जाता है। मांस के वजन का 10% सूरजमुखी तेल लें, 120°C तक गर्म करें, फिर 4 मिनट के लिए आंशिक रूप से भूनें। कड़ाही से निकाला गया अतिरिक्त तेल को मसाला मिश्रण के साथ मिश्रित करें। तले हुए उत्पादों को प्रसंस्करण के बाद के संदूषण को रोकने के लिए नायलॉन बैग में वैक्यूम पैक किया जा सकता है। वैक्यूम पैक उत्पादों को 7 मिनट के लिए प्रेशर कुक में पकाया जाता है। घरेलू प्रसंस्करण में कीमा को आलू के साथ भी पकाया जाता है जो बेहतर स्वाद देता है।

फ्लो चार्ट/प्रवाह चित्र

मटन कीमा को धोएं और एक छलनी के साथ
अतिरिक्त पानी को बाहर निकाल दें

↓

प्रेशर कुकर या कुकिंग बर्तन लें

↓

तेल लें और इसे गर्म करें

↓

प्याज, हरी मिर्च डालें और प्याज को हल्का भूरा रंग होने तक तलें

↓

कच्ची महक से छुटकारा पाने के लिए अदरक लहसुन का पेस्ट डालें

↓

इसमें मटन कीमा डालें और अच्छी तरह से भूनें

↓

इसे तब तक भूनें, जब तक कीमा अपना रंग न बदल ले और पानी शेष न रहे

↓

नमक, हल्दी और लाल मिर्च पाउडर डालें, कुछ मिनट तक भूनें
जब तक बाजू पर तेल दिखाई न दे

↓

कटे हुए टमाटर, गर्म मसाले, काली मिर्च पाउडर डालें, मिलाएँ और
टमाटर के नरम होने तक पकाएं

↓

लगभग डेढ़ कप पानी डालें, अच्छी तरह मिलाएँ

↓

प्रेशर कुक में कीमा को सिम की आंच पर 7–10 मिनट तक पकाएं या
तब तक पकाएं जब तक टेंडर न हो जाता है

↓

ताजा धनिया पत्ती, कुचली कसूरी मेथी डालें और मिलाएँ

↓

यदि कोई पानी शेष है तो कुछ मिनट के लिए पकाएं

↓

आंच बंद कर दें

↓

इसे ताजे मांस पकवान को रोटी, चावल या पराठे के साथ परोसें।

❑❑❑

अध्याय 3

पोर्क/शूकर–मांस/सूअर मांस के व्यंजन

1.सोरपोटेल / सॉरपोटल (Sorpotel)

परिचय

सोरपोटेल, पुर्तगाली मूल का एक व्यंजन है जो कि एक लाल मांस की करी है, जो तीव्र मसालेदार है और भारत के कोंकणी क्षेत्र में बहुत लोकप्रिय है जिसमें गोवा भी शामिल है। सोरपोटेल सूअर के मांस का उपयोग करके बनाया जाता है लेकिन कभी–कभी इसमें है कारा बीफ, मटन या चिकन भी शामिल होता है। सोरपोटेल अक्सर विभिन्न त्योहारों के लिए भारी मात्रा में बनाया जाता है। इस प्रकार करी की तैयारी कई दिन पहले शुरू हो जाती है। सोरपोटेल को 'सनास' के साथ परोसा जाता है जो स्पंजी, थोड़े मीठे और स्टीम्ड राइस केक होते हैं।

- आज सोरपोटेल, गोअन भोजन का बहुत अहम् हिस्सा है। हालांकि सोरपोटेल की कई क्षेत्रीय किस्में हैं, यह स्वादिष्ट मसाले और मांस के टुकड़े के साथ अपने प्रामाणिक लाल रंग और स्वादिष्ट स्वाद को बरकरार रखा है।
- सोरपोटेल के भारतीय संस्करण में पोर्क लीवर, हृदय और रक्त के साथ–साथ बहुत सारी वसा वाले आहार शामिल हैं, जो कि स्वादों के सम्मिश्रण के लिए महत्वपूर्ण है। इसके अलावा, लाल मिर्च की उपस्थिति अद्भुत अलग–अलग स्वादों में शामिल होती है। कुछ घरेलू व्यंजनों में थोड़ी मात्रा में शराब डालना पसंद करते हैं।

किस्मों / बहुरूपता

- सोरपोटेल के पारंपरिक मांस संस्करण, ऑफल, सिरका और शराब जैसे अवयवों का उपयोग करते हैं।
- कोंकणी में "सोरो" शब्द का शाब्दिक अर्थ 'शराब' है। मूल पकवान का नाम सरपटेल है, जिसका अनुवाद "मिश्मश" के रूप में किया जा सकता है। यह

ग्रेवी – पोर्क दिल, यकृत और यहां तक कि रक्त, करी को गाढ़ा करने के लिए उपयोग किए जाने वाले विभिन्न प्रकार के मांस को संदर्भित करता है।

- पारंपरिक गोअन परिवार अपने निजी पाक कला का उपयोग करके अक्सर सही सोरपोटेल पकाने के लिए लॉग फायर और एक मिट्टी के बर्तन के साथ अनुभव और विशेषज्ञता का उपयोग करते हैं। इसमें मूल अंतर मिर्च के बीज या बीजरहित के प्रकार पर निर्भर करता है, जो निर्धारित करता है कि सोरपोटेल कितना मसालेदार होगा।
- सोरपोटेल को शायद ही कभी व्यावसायिक रूप से उत्पादित किया जाता है, इसलिए एकमात्र मौका एक पारंपरिक गोअन या मंगलोरियन घर का दौरा करना होगा, जो ईस्ट इंडियन सोरपोटेल एक हरी करी है के विपरीत एक वाइन रेड ह्यू की करी का उत्पादन करता है।

रेसिपी/पाक विधि एवं सामग्री

सोरपोटेल मसाला के लिए

2 इंच दालचीनी छड़ी

1 बड़ा चम्मच काली मिर्च कॉर्न्स

2 चम्मच लौंग

2 बड़ा चम्मच जीरा

2 इंच अदरक

10 लौंग लहसुन

15 सूखी लाल कश्मीरी मिर्च (लाल रंग के लिए)

5 लाल सूखी मिर्च (मसाले के लिए)

2 खेलने की गोली का आकार इमली (पर्याप्त पानी में भिगोएँ)

सिरका (पेस्ट को पीसने के लिए आवश्यक है)

अन्य अवयव

500 ग्राम मांस (पोर्क)

500 ग्राम यकृत (सूअर का)

4 बड़े प्याज (कटा हुआ)

8–10 लहसुन लौंग (कटा हुआ)

1/2 इंच अदरक का टुकड़ा (कटा हुआ)

2 हरी मिर्च (कटी हुई)

3–4 बड़ा चम्मच गोअन पाम गुड़ (या चीनी)

सिरका (स्वाद के लिए)

नमक (स्वाद के लिए)

तेल 250 मिली

बनाने की विधि

1. एक बड़ा बर्तन लें और उसमें पहले से पका हुआ सूअर का मांस रखें, साथ में कटा हुआ प्याज, छेद हुआ खुली हरी मिर्च और 2 कप पानी डालें। इसे मध्यम आंच पर रखें और लगभग 20 मिनट के लिए या टेंडर होने तक सूअर के मांस को अधूरा पका रखने के लिए बर्तन को ढककर पकाएं।
2. इस बीच छौंक और मसाला पेस्ट तैयार करें। एक ब्लेंडर में कश्मीरी मिर्च, ताजा अदरक, लहसुन, काली मिर्च, जीरा, लौंग, दालचीनी, सिरका, तेल और थोड़ा पानी मिलाकर एक स्मूथ पेस्ट बनाएं और एक तरफ रख दें।
3. एक बार जब मांस टेंडर हो जाता है, तो इसे ठीक से टुकड़े करने के लिए बाहर निकालें, पानी का स्टॉक अलग रखें।
4. एक पैन को गरम करें और सूखे पोर्क के टुकड़ों को बैच/घानी कर तब तक भूनें जब तक कि उन्हें कुछ रंग न मिल जाए। उसी समय एक बड़े बर्तन को गरम करें और कटी हुई हरी मिर्च और प्याज को सुनहरा भूरा होने तक भूनें।
5. तली हुई मिर्च और प्याज में पका हुआ मांस डालें और एक मिनट के लिए भूनें। फिर मांस स्टॉक के साथ मसालों का मिश्रण और नमक को डालना जारी रखें। इसे अच्छी तरह से मिलाएं और इसे उबाल लें, फिर उबाल को कम करें। इसे गाढ़ा होने तक बार–बार हिलाएं, फिर अलग रखें।
6. एक विशेष स्वाद के लिए, अगले दिन इसे पुनः 20 मिनट के लिए पकाएं और 1–2 दिनों के लिए फिर से उपयोग करें।
7. सबसे अच्छा चावल/पुलाव या सनास के साथ परोसा जाता है।

पोषण संबंधी अनुमानित संयोजन (प्रति 100 ग्राम)

कुल वसा	6 ग्राम
प्रोटीन	7 ग्राम
कुल कार्बोहाइड्रेट	4.3 ग्राम
शुगर्स	1.7 ग्राम
आहार फाइबर	0.75 ग्राम
कैलोरी	102 किलो कैलोरी
सोडियम	590 मिली ग्राम
पोटैशियम	208 मिली ग्राम
कोलेस्ट्रॉल	25 मिली ग्राम
विटामिन सी	40 मिली ग्राम
विटामिन ए	0.1 मिली ग्राम
लोहा	1 मिली ग्राम
कैल्शियम	13 मिली ग्राम

फ्लो चार्ट/प्रवाह चित्र

25–30 मिनट के लिए मांस मध्यम आंच पर उबाल लें

↓

मांस को छोटे क्यूब्स में काटें और हल्का भूनें

↓

एक बर्तन में प्याज, हरी मिर्च, अदरक और लहसुन को कुछ मिनट के लिए भूनें

↓

छौंक और मसाला पेस्ट डालें और 2–3 मिनट के लिए भूनें, तले हुए मीट डालें

↓

शराब और मिश्रण के साथ मांस पानी डालें

↓

ग्रेवी के गाढ़ा होने तक 45 मिनट तक पकाएं, सिरका, नमक आदि को समायोजित करें

↓

एक बार और 5 मिनट के लिए पकाएं और सनास के साथ परोसें

2. बस्तेंगा के साथ गहोरी (Gahori with Bastenga)

परिचय

बस्तेंगा बांस के शूट के साथ पोर्क (गहोरी), नागालैंड के लोकप्रिय व्यंजनों में से एक है। नागालैंड के लोग सुअर के मांस के बहुत शौकीन हैं और वे सूअर के

काटने के आकार की पतली स्ट्रिप्स खाने की तुलना में बहुत बड़ा हिस्सा खाने पसंद करते हैं। यह फैटी पोर्क बेली के बड़े क्यूब्स के स्वादिष्ट भोजन हैं।

नागालैंड का भोजन अपनी विविधता और सादगी के लिए जाना जाता है। पुराने दिनों में खाद्य पदार्थों को तलने के लिए तेल के उपयोग से पूरी तरह अज्ञात नागा ग्रामीणों के लिए अज्ञात था। मांस केवल नमक और मिर्च के साथ पकाया जाता था। बाद में उन्होंने किण्वित बांस शूट का उपयोग करके किण्वित भोजन का प्रसंस्करण शुरू किया। बैंबू शूट को चिकन, पोर्क और यहां तक कि सब्जियों के साथ पकाया जा सकता है। मुख्य रूप से सूअर का मांस तैयार करने के लिए उत्तर पूर्वी भारत के अधिकांश भाग में बांस की शूट एक महत्वपूर्ण घटक है। बाँस की गोली का उपयोग या तो सूखे या किण्वित रूप में किया जा सकता है। यह पकवान को थोड़ा खट्टा स्वाद और एक अच्छी सुगंध देता है। हर उत्सव और त्योहारों में बस्तेंगा के साथ गहोरी बनाई जाती है।

रेसिपी/पाक विधि एवं सामग्री

1.5 किलो सूअर का मांस
125 ग्राम पिसा हुआ अदरक
100 ग्राम पिसा हुआ लहसुन
1 कप किण्वित बाँस की गोली
लाल मिर्च के 7 से 8 टुकड़े
गार्निशिंग के लिए धनिया
नमक स्वादानुसार

बनाने की विधि

आमतौर पर सूअर मांस को मिट्टी के बर्तन में पकाया जाता है, जिसका स्वाद बेहतर होता है लेकिन इसे किसी भी बर्तन में तैयार किया जा सकता है।

1. मांस को टुकड़ों में काट लें, बर्तन में सूअर मांस को भूनें जब तक कि यह थोड़ा पकाया और उछालभरा न हो।
2. धीमी आंच पर पकाना जारी रखें, अदरक और लहसुन का पेस्ट डालें। अच्छी तरह से मिलाएं, ढक्कन बंद करें और 15 मिनट के लिए पकाना जारी रखें।

3. अब सूखे या किण्वित बाँस की गोली डालें और उसमें एक कप पानी डालें। मांस पानी में डूबा नहीं होना चाहिए। इस व्यंजन के लिए भाप ज्यादातर खाना बनाती है। जब आवश्यकता हो, लौ को आवश्यकता अनुसार समायोजित करें और इसमें नमक डालें और ढक दें। मांस को हर 10 मिनट पर जांचते रहें। लगभग 20 मिनट तक पकाएं।

4. मिर्च और आधा कप या एक कप पानी कि ग्रेवी की कितनी जरूरत है, के अनुसार डालें। पुनः 10 मिनट के लिए पकाएं। मिर्च को बर्तन से बाहर निकालें और मोर्टार और मूसल का उपयोग करके एक पेस्ट बनाएं, पेस्ट को पोर्क के साथ मिलाएं और पुनः 3 से 5 मिनट के लिए पकाएं।

5. आंच को बंद कर दें और इसे थोड़ा ठंडा होने दें। अगर व्यंजन को मिट्टी के बर्तन में तैयार किया जा रहा है, तो यह बिना आंच के कुछ मिनट तक पकता रहेगा। इसे धनिया पत्ती से गार्निश करें।

पोषण संबंधी अनुमानित संयोजन

अवयव 100 ग्राम में (अनुमानित)	
नमी (ग्राम)	81
प्रोटीन (ग्राम)	7.0
कार्बोहाइड्रेट (ग्राम)	6.9
वसा (ग्राम)	4.8
ऐश (ग्राम)	0.8
कैल्शियम (मिलीग्राम)	4
लौह (मिलीग्राम)	3
मैग्नीशियम (मिलीग्राम)	8.6
पोटैशियम (मिलीग्राम)	400

फ्लो चार्ट/प्रवाह चित्र

मांस को टुकड़ों में काट लें

↓

पोर्क को पकाएं और धीमी आंच पर पकाते रहें

↓

अदरक–लहसुन का पेस्ट डालें और लगभग 15 मिनट तक पकाएं

↓

सूखा या किण्वित बांस शूट डालें

↓

इसमें एक कप पानी और नमक डालें

↓

ढक्कन लगाएं और लगभग 20 मिनट तक पकाएं

↓

फिर से मिर्च और पानी डालें, लगभग 10 मिनट तक पकाएं

↓

मिर्च का पेस्ट बनाएं, इसे पोर्क के साथ मिलाएं।

↓

फिर से 3 से 5 मिनट तक पकाएं। इसे धनिया से गार्निश करें परोसने से पहले छोड़ दें।

3. पोर्क विंदालु (Pork Vindaloo)

परिचय

विंदालू गोवा की एक पारंपरिक व्यंजन है जो लंबी अवधि के लिए मांस और मछली को संरक्षित करने में मदद करती है। अपने स्वाद को बनाए रखने और बढ़ाने के लिए मांस को सिरका, नमक, लहसुन और शराब से बना एक स्टॉक (या सॉस) में डुबोया जाता है। इसके अलावा, इसमें देशी मसाले काली मिर्च, दालचीनी और लौंग के साथ–साथ सबसे महत्वपूर्ण घटक लाल मिर्च मिलाये जाते हैं। विंदालु को गोवायन रसोइयों के माध्यम से ब्रिटेन में पेश किया गया था और यह ब्रिटेन में लोकप्रिय भारतीय व्यंजन बन गया था।

रेसिपी/पाक विधि एवं सामग्री

15 सूखी कश्मीरी मिर्च
2 चम्मच भुना हुआ साबुत जीरा
2 चम्मच हल्दी
2 टुकड़े दालचीनी के
9 साबुत काली मिर्च
7 साबुत लौंग
1 चम्मच चीनी
2 मध्यम लहसुन लौंग, (कटा हुआ)
1 इंच का अदरक टुकड़ा, छिलका और कटा हुआ
1/2 कप पाम सिरका या 1/3 कप चावल का सिरका

1/2 पाउंड पोर्क शोल्डर, 1 इंच क्यूब्स में काटें
1 मध्यम प्याज, लगभग कटा हुआ (लगभग 1 कप)
1.5 टेबल स्पून वनस्पति तेल
1 कप पानी
नमक स्वादानुसार

बनाने की विधि

- मिर्च, जीरा, हल्दी, एक टुकड़ा दालचीनी, 5 काली मिर्च, 4 लौंग और चीनी, को मसाले की चक्की में मिलाएं। एक महीन पाउडर बनने तक पीसें। मसाला मिश्रण को खाद्य प्रोसेसर या मोर्टार और मूसल में स्थानांतरित करें और एक अच्छा पेस्ट बनने तक लहसुन, अदरक और सिरका मिलाएं। पेस्ट को छोटे कटोरे में निकालें और एक तरफ रख दें।
- एक बड़े कटोरे में सूअर का मांस को नमक के साथ रखें। मसाले का आधा पेस्ट डालें और सूअर के मांस को लपटे। प्याज को खाद्य प्रोसेसर में एक पेस्ट बनने तक डालें।
- मध्यम आंच पर एक भारी तली हुई सॉस पैन में तेल जब तक कि उबाल न आ जाए, गरम करें। प्याज का पेस्ट, बचा हुआ काली मिर्च, दालचीनी की छड़ें और लौंग डालें। लगभग पांच मिनट तक पकाएं। जब प्याज नरम हो जाता है और तेल सुगंधित हो जाता है, तो बचा हुआ मसाला पेस्ट डालें और जब तक तेल अलग न हो जाए पकाएँ।
- सूअर का मांस डालें, कभी–कभी भूरा होने तक चलाते रहें, जो लगभग 10 मिनट तक हो सकता है। फिर खाद्य प्रोसेसर के कटोरे में पानी डालें और खंगालें। पैन में मिश्रण डालें और इसे उबाल लाने के लिए, कभी–कभी चलाते रहें।
- लगभग एक घंटे के लिए कवर के साथ एक सौम्य खाना पकाने के लिए आंच कम करें। जब पोर्क कट नरम/टेंडर बन जाता है तो यह खाना पकाने के अंत का संकेत होता है। इसे रोटी या चावल के साथ तुरंत परोसें। कभी–कभी इसे ठंडा किया जाता है और रात भर रेफ्रिजरेटर में एक सील कंटेनर में संग्रहित किया जाता है और परोसने से पहले गरम किया जाता है, जिसे बेहतर स्वाद प्रदान करने के लिए माना जाता है।

अनुमानित पोषण संरचना (100 ग्राम के लिए)

कैलोरी	20 कैलोरी
कार्बोहाइड्रेट	3 ग्राम
प्रोटीन	14 ग्राम
फाइबर	1.4 ग्राम
विटामिन ए	420 आई.यू
विटामिन सी	1.7 मिलीग्राम
कैल्शियम	28 मिलीग्राम
लोहा	0.5 मिलीग्राम

भंडारण और स्व–आयु/शेल्फ–लाइफ

भारतीय शैली विंदालु की करी को आमतौर पर लंबे समय तक सभी वनस्पति जीवाणुओं के मरने तक पकाया जाता है। संभावित बीजाणु अंकुरण जो बच सकते हैं वे रेफ्रिजरेटर के तापमान पर नहीं बढ़ते हैं। खमीर मोल्ड/वार्म के साथ समस्या गर्म अवधि के दौरान होती है। रेफ्रिजरेटर में, पकवान लगभग एक सप्ताह तक ठीक रहता है। इससे अधिक, यह सतह पर नए नए फफूंदी उग सकते हैं, इसलिए दीर्घकालिक भंडारण फ्रीजर में होना चाहिए।

फ्लो चार्ट/प्रवाह चित्र

मसाला पाउडर बनाने के लिए मिर्च, जीरा, हल्दी, दालचीनी, काली मिर्च, लौंग और चीनी पीसें

↓

खाद्य प्रोसेसर में अदरक, लहसुन, सिरका डालें

↓

नमक के साथ मसाला पोर्क में आधा मसाला डालें

↓

एक खाद्य प्रोसेसर में प्याज का पेस्ट बनाएं

↓

प्याज का पेस्ट, काली मिर्च कॉर्न, लौंग, दालचीनी की छड़ी डालें, तेल गरम में डालें

↓

शेष मसाले का पेस्ट डालें और कभी–कभी फेंटने के साथ पकाएं

↓

तेल अलग हो जाता है और मिश्रण छलनी होने लगता है

↓

पोर्क डालें और पकाएं, कभी–कभी चलाने के साथ पानी डालें

↓

कवर के साथ धीमी आंच में एक घंटे तक पकाएं

4. पोर्क अनीशी (Porkanishi)

परिचय

पोर्क अनीशी (धूप में सूखा हुआ), नागालैंड का एक बहुत ही आम व्यंजन है, जो नागाओं के साथ–साथ अन्य समुदायों द्वारा भी बहुत पसंद किया जाता है। मूल रूप से, किण्वित कोलोकेसिया पत्तियों (तारो) और स्मोक्ड पोर्क को मिट्टी के बर्तनों में एक साथ पकाया जाता था। अनीशी 'एओ' नागा जनजाति की विशेषता है। उचित आकार में कटा हुआ पोर्क और नमक को साथ मिलाया जाता है। फिर इसे स्मोक्ड की प्रक्रिया द्वारा सुखाने के लिए अग्नि स्थान के पास रखा जाता है। ताजा परिपक्व हरी कोलोकेसिया पत्तियों को काटा जाता है, और धोया जाता है, स्टैक किया जाता है और केले के पत्ते के साथ लपेटा जाता है। फिर उन्हें लगभग एक सप्ताह तक संग्रहित किया जाता है जब तक कि पत्तियां पीली नहीं हो जाती हैं। पीली पत्तियों को फिर पेस्ट में डाला जाता है और केक बनाया जाता है। पीसने के दौरान, अगर वांछित हो, तो मिर्च, नमक और अदरक मिलाया जा सकता है। फिर रसोई में या धूप में चिमनी के ऊपर केक सुखाया जाता है। अनीशी को सूखे मांस से पकाया जाता है, विशेष रूप से सूअर के मांस के साथ।

रेसिपी/पाक विधि एवं सामग्री

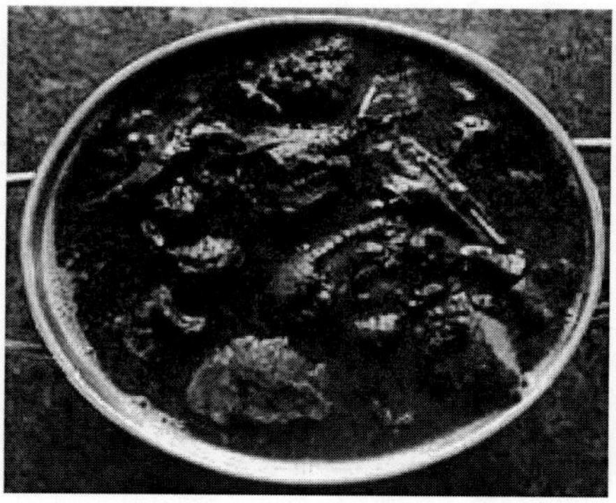

पकाने की विधिः (4 से 5 सर्विंग)
स्मोक्ड पोर्क– 500 ग्राम
अनीशी– 2 केक
आलू – 2 नग (वैकल्पिक)
टमाटर (मध्यम) – 2 नग
सूखी लाल मिर्च– इच्छानुसार
नागा मिर्च (मेजिंगा, पीसा)
नमक स्वादानुसार

बनाने की विधि

1. स्मोक्ड पोर्क को गर्म पानी में धोएं।
2. उन्हें क्यूब्स में काटें।
3. अनीशी केक डालेने से पहले, इसे थोड़ा गर्म करें और इसे पाउंड कर इसे नरम करें।

4. एक बर्तन में वांछित मात्रा में पानी डालें।
5. फिर सूअर का मांस, गर्म और तेज अनीशी, आलू, टमाटर डालें। सूखी लाल मिर्च और स्वाद के लिए नमक।
6. तब तक पकाएं जब तक कि यह नर्म न हो जाए।
7. डिश तैयार हो जाने के बाद, अनीशी (केक), आलू, टमाटर और मिर्च को मैश करें।
8. इसे नागा मिर्च (मेजिंगा) से गार्निश करें।
9. फिर 2 मिनट के लिए और पकाएं और फिर आंच से उतारें और गर्म परोसें।

फ्लो चार्ट/प्रवाह चित्र

गर्म पानी में स्मोक्ड सूअर का मांस धोएं

↓

पकाएं

↓

ऐश केक को गर्म और पाउंड करें

↓

मटके में पानी डालें

↓

सूअर का मांस, अनीशी (केक), आलू, टमाटर और सूखी मिर्च, नमक डालें

↓

निविदा तक पकाना

↓

मैश अनीशी, आलू, टमाटर, सूखी मिर्च डालें

↓

मेझिंगा से गार्निश करें

↓

लगभग 2 मिनट तक पकाएं

↓

गर्म – गर्म परोसें

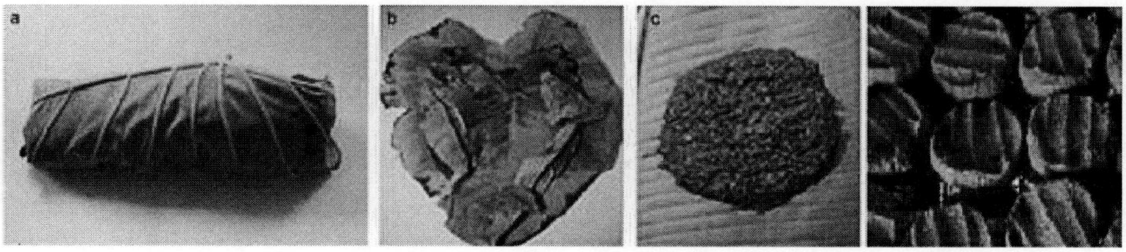

अनीशी बनाने की प्रक्रिया

- पत्तियों का ढेर।
- पत्तियों का सूखना।
- पेस्ट/केक में घेरना/पाउंड।
- केक का सूखना।

पोषण संबंधी अनुमानित संयोजन

टैरो पत्तियों (अनिशी) में सूखे वजन के आधार पर लगभग 23% प्रोटीन होता है। यह कैल्शियम, फॉस्फोरस, आयरन, विटामिन सी, थायमिन, राइबोफ्लेविन और नियासिन का भी समृद्ध स्रोत है जो मानव आहार के महत्वपूर्ण घटक हैं। पोर्क में लगभग 16.6% प्रोटीन और 22.5% वसा होता है।

5. गलहो (Galho)

परिचय

गल्हो चावल और सब्जियों या मांस का एक स्मूथी सौम्य, जो उत्तर–पूर्वी राज्य नागालैंड का एक स्थानीय पसंदीदा लोकप्रिय व्यंजन है। 'गा' का अर्थ है सब्जियां और 'लोहो' का अर्थ मोटी तरलता तक पकाया जाता है। इस प्रकार, इसे उपयुक्त रूप से नागा खिचड़ी कहा जा सकता है। गल्हो का उपयोग ज्यादातर मौसमी साग के एक वर्गीकरण के रूप में किया जाता है और स्मोक्ड सूअर का मांस या सूअर की चर्बी या स्मोक्ड मांस के स्वाद से सुगंधित होता है।

रेसिपी/पाक विधि एवं सामग्री

सरसों/स्क्वैश पत्ते (या कोई भी हरी पत्तेदार सब्जियाँ)

चावल – 200 ग्राम

1 बड़ा चम्मच एक्सोन (किण्वित सोयाबीन)

नमक स्वादानुसार

स्मोक्ड मांस/पोर्क– 1 किग्रा

2 हरी मिर्च या (1/2) राजा मिर्चा

पानी – 200 मि.ली

बनाने की विधि

1. एक बर्तन में पानी, एक्सोन और पीसा हरी मिर्च/राजा मिर्चा लें और इसे 5 मिनट तक पकाएं। स्वादानुसार नमक डालें।
2. कटा हुआ (1/2'' क्यूब्स) स्मोक्ड पोर्क/मांस को बर्तन में डालें और इसे 5 मिनट या अधिक समय तक पकाएं जब तक कि मांस नरम न हो।
3. यदि आवश्यक हो तो चावल और अधिक पानी डालें।
4. चावल के लगभग हो जाने के बाद, कटी हुई हरी पत्तियाँ डालें।
5. इसे 5–7 मिनट तक उबलने दें और गैस बंद कर दें। जरूरत हो तो और नमक डालें, और गरमागरम परोसें।

पैकेजिंग और भंडारण

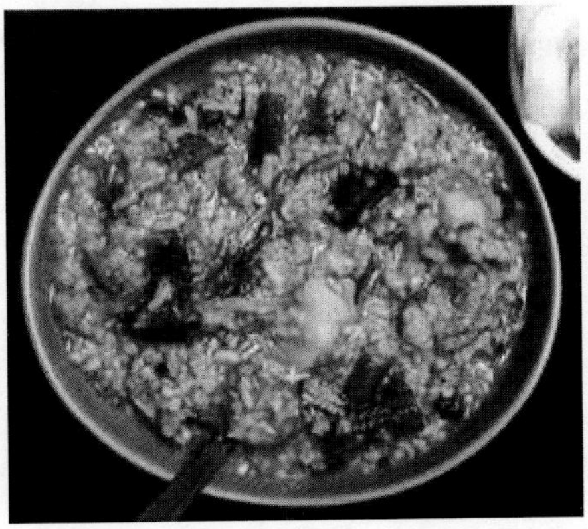

1. गल्हो एक जल्दी खराब होने वाला उत्पाद है, इसलिए इस प्रकार इसे तैयार होने के तुरंत बाद सेवन किया जाना चाहिए।
2. इसे कमरे के तापमान पर अधिकतम 24 घंटों के लिए संग्रहित किया जा सकता है।
3. पैकेजिंग एयरटाइट/वायुरोधी कंटेनर में की जा सकती है।

फ्लो चार्ट/प्रवाह चित्र

पानी, अक्षतंतु, नमक और कटी हरी मिर्च लें

↓

कटा हुआ स्मोक्ड पोर्क/मांस डालें

↓

चावल डालकर पकने दें

↓

कटी हुई हरी पत्तियां डालें

↓

इसे 5–7 मिनट तक उबलने दें

↓

गल्हो तैयार

6. पोर्क अचार (Pork Pickle)

परिचय

पोर्क अचार नागालैंड में बहुत लोकप्रिय हैं। मांस अचार, मांस के सबसे महत्वपूर्ण संरक्षण तकनीकों में से एक है। अचार बनाने का प्रामाणिक और पारंपरिक तरीका अन्य मसालों और सामग्रियों के साथ स्मोक्ड मांस का उपयोग किया जाता है, जो लंबे समय तक चलने वाला अचार और लंबा शैल्फ–लाइफ देता है। मांस का अचार जल्दी और आसानी से तैयार हो जाता है। वे एक–एक करके सभी अचार द्वारा स्वाद–आनंदितकर होते हैं। यह न केवल नागाओं के बीच लोकप्रिय है, बल्कि राज्य के बाहर के कई लोग इस मांस के अचार को पसंद करते हैं। यह पोर्क अचार सरलतम मसाले के और नागालैंड की प्रामाणिक मसाले के साथ सुगंधित होते हैं। यह गर्म, मसालेदार और स्वादिष्ट है। यह चावल के लिए एक अच्छी संगत के रूप में कार्य करता है।

सूअर का मांस छोटे टुकड़ों में काटा जाता है और स्वादिष्ट पोर्क अचार बनाने के लिए समृद्ध स्वाद और मसाले को साथ में मिलाया जाता है। इसे किसी भी डिश के साथ अचार के रूप में खाया जा सकता है, लोग इसे स्टैंडअलोन स्नैक के रूप में पसंद करते हैं। बोन–इन और बोनलेस पोर्क अचार 25% और 50% बैक फैट क्यूब्स और 10% सिरका के साथ तैयार किया जाता है।

रेसिपी/पाक विधि एवं सामग्री

स्मोक्ड पोर्क – 1.5 किलोग्राम
नागा अदरक – 50 ग्राम
लहसुन – 50 ग्राम
सूखी लाल मिर्च – 50 ग्राम
नागा मिर्च – 3–4 टुकड़े
सिरका – 60 मिली
नमक (स्वाद के लिए) – 30 ग्राम
सरसों का तेल – 30 मिली
पानी – 60 मि.ली

फ्लो चार्ट/प्रवाह चित्र

पोर्क को मध्यम आकार के क्यूब्स में काटें और एक तरफ रखें

↓

अदरक और लहसुन को छील लें और एक मोर्टार और मूसल में
उन्हें सिर्फ स्वाद खोलने के लिए मसाले मिलाएं

↓

कुछ और नागा मिर्चा और पीसने वाली सूखी लाल मिर्च लें
उन्हें एक मोटे पाउडर के लिए पीसें

↓

एक प्रेशर कुकर लें, सूअर का मांस डालें, बची हुई सूखी मिर्च तोड़ लें,
नमक, 2 टेबलस्पून सिरका, पानी प्रेशर कुक में लें और
5–10 मिनट या जब तक सूअर का मांस पकाया जाता है पकाएं।

↓

ढक्कन निकालें और स्टॉक को पूरी तरह से वाष्पित होने दें। उसे ठंडा हो जाने दें
और सूअर का मांस छोटे क्यूब्स में काट लें

↓

एक पैन में तेल गरम करें, उसमें अदरक, लहसुन डालें और
लगभग 2 मिनट के लिए भूनें

↓

ग्राउंड मिर्च डालें और एक मिनट के लिए भूनें

↓

सूअर का मांस डालें और लगभग 10–15 मिनट के लिए
मध्यम–मध्यम आंच पर बार–बार चलाते हुए भूनें

↓

शेष सिरका डालें, अच्छी तरह से चलाते और
उच्च आंच में 5 मिनट भूनें और आँच से उतार लें

↓

इसे पूरी तरह से ठंडा होने दें और फ्रिज में स्टोर करें

↓

इसकी शेल्फ–लाइफ/स्व–आयु कम से कम 3–4 सप्ताह तक है।

टिप्पणियाँ

- अगर नागा मिर्च उपलब्ध नहीं है तो लाल मिर्च का उपयोग करें।
- अगर नागा अदरक उपलब्ध नहीं है तो सामान्य अदरक का उपयोग करें।
- यदि स्मोक्ड सूअर का मांस उपलब्ध नहीं है तो ताजा सूअर का मांस का उपयोग करें।

7. बैम्बू/बांस शूट के साथ स्मोक्ड पोर्क (Smoked Pork with Bamboo Shoot)

परिचय

नागालैंड में सूखे के शूट के साथ सबसे लोकप्रिय और सबसे पसंदीदा डिश स्मोक ड्राइड पोर्क है। पोर्क नागाओं के सबसे पसंदीदा मांस में से एक है। कोई भी त्यौहार या विशेष अवसर पोर्क व्यंजनों के बिना पूरा नहीं होता है। यह एक पारंपरिक और प्रामाणिक नागा शैली का पोर्क नुस्खा है। यह प्यारे स्वाद के साथ एक उत्तम साइड डिश है। इसमें स्मोक्ड मांस, सूखे बांस शूट और सिचुआन काली मिर्च कॉर्न्स से निकलने वाली अद्भुत जादुई सुगंध है।

रेसिपी/पाक विधि एवं सामग्री

स्मोक्ड पोर्क – 500 ग्राम
सूखी बाँस की गोली – 60 ग्राम
नागा राजा चिल्ली 1 नग
सूखी लाल मिर्च – 8 नग
अदरक – 2 इंच
लहसुन – 10 नग
लौंग – 10 नग
सिचुआन काली मिर्च कॉर्न्स – 5.0 ग्राम
नमक स्वादानुसार
आवश्यकतानुसार पानी

बनाने की विधि

फ्लो चार्ट/प्रवाह चित्र

सूखे बांस के शूट को धोएं और खाना बनाते समय 5–10 मिनट के लिए खाना पकाने के पानी में भिगोएँ, इसमें खाना बनाते समय अवशिष्ट पानी का उपयोग किया जा सकता है

↓

स्मोक्ड पोर्क को 2–3 बार गर्म पानी में धोएं और एक बर्तन में डालें

↓

एक मोर्टार और मूसल में अदरक और लहसुन को मिलाएं

↓

लगभग 2 मिनट के लिए सिचुआन काली मिर्च कॉर्न्स को सूखा भूनें,
क्रश करें और एक तरफ रखें

↓

स्मोक्ड सूअर का मांस, पानी, नमक, लाल मिर्च, नागा मिर्च और
पानी के साथ भिगोएँ बांस शूट डालें

↓

इसे उबालने के लिए, पैन को कवर करें और मध्यम आंच पर
पकाना जारी रखें, कभी–कभी चलाये

↓

पानी डालते रहें और तब तक पकाएं जब तक कि सूअर का मांस 90% न पक जाए,
कुचला अदरक, लहसुन डालें, अच्छी तरह से हिलाएं और 3–5 मिनट के लिए पकाएं।

↓

कुचला भुना हुआ सिचुआन काली मिर्च कॉर्न्स डालें,
एक त्वरित हिलाएं और आँच से उतार लें

8. गोअन सॉसेज (Goan Sausages)

परिचय

गोयन सॉसेज गोवा, दमन और दीव से इंडो–पुर्तगाली व्यंजनों का एक विशिष्ट प्रतिबिंब है, जो कभी भारत के पुर्तगाली राज्य का हिस्सा थे। इसे सूअर के मांस और विभिन्न अन्य सामग्रियों से बनाया जाता है, जो इसे बेहद मसालेदार बनाते हैं। उनका औसत व्यास लगभग 1.5 सेमी है। यह आमतौर पर एक करी, उबला या तला हुआ, सफेद चावल या बेक्ड आलू के साथ और कभी–कभी उबले अंडे के साथ भी परोसा जाता है। गोयन सॉसेज को पकाने के सबसे सरल तरीकों में से एक इसे स्लाइस में काटना और उबलते पानी, कटा हुआ प्याज और थोड़ा सिरका के साथ एक बर्तन में डालना है। थोड़े समय के बाद, , पानी में अपने सीजनिंग को छोड़ना शुरू कर देता है और यह लाल रंग में एक मसालेदार सॉस की उपज देता है।

जैसा कि पहले उल्लेख किया गया है, यह पारंपरिक रूप से घर का बना है और पूरे लहसुन और सिरका के साथ तीखा होता है। गोवा के रोजरी सॉसेज को कोरिजो के नाम से भी जाना जाता है क्योंकि यह स्पेनिश कोरिजोस (किण्वित सॉसेज) जैसा दिखता है। यहाँ 'सूर्य–समुद्र– सैंड' समूह में चौथा– 'S' सबसे निश्चित रूप से सॉसेज से संबंधित है।

वे स्पेनिश कोरिजो से थोड़ा अलग हैं, और उनकी अपनी अलग–अलग विशेषताएँ हैं–गहरे और बड़े पैमाने पर रंगीन, मजबूत स्वाद के साथ अदरक, लहसुन, लाल मिर्च, दालचीनी और जीरा। पूरी तरह से गर्मी के पूरक सिरका द्वारा स्पर्शित की गई गंध है, जिसका उपयोग मांस को खराब होने से बचाने के लिए प्रचुर मात्रा में किया जाता है। गोअन कोरिजो के साथ खाना पकाने के लिए आमतौर पर अतिरिक्त तेल की आवश्यकता नहीं होती है, क्योंकि सॉसेज वसा का एक अच्छा हिस्सा छोड़ते हैं, न केवल आवश्यक चिकनाई, बल्कि अतिरिक्त स्वाद भी देते हैं।

रेसिपी/पाक विधि एवं सामग्री

स्मोक्ड बेकन – 2.0 किग्रा
कश्मीरी मिर्च (सूखी) – 60 नग
जीरा – 8.0 ग्राम
दालचीनी की छाल (सूखा)–8 ग्राम
लौंग का पाउडर – 5.0 ग्राम
काली मिर्च कॉर्न्स – 5.0 ग्राम
हल्दी पाउडर – 7.0 ग्राम
लहसुन का पेस्ट – 70 ग्राम
अदरक (पीसा हुआ) – 50 ग्राम
जायफल – 1 ग्राम
गोआफेनी/सिरका – 200 मिली
टेबल नमक – 30 ग्राम
केसिंग – 2 मीटर

फ्लो चार्ट/प्रवाह चित्र

बेकन को त्वचा के साथ 1 सेमी मोटी स्लाइस में काटें और आधा नमक डालें

↓

छिद्रित स्टेनलेस स्टील या छिद्रित प्लास्टिक ट्रे या टोकरी ले और कटे हुए टुकड़ों के साथ पंक्ति बनायें

↓

मांस के टुकड़ों के शीर्ष पर ट्रे रखें और शीर्ष पर वजन डालें

↓

सूखा तरल इकट्ठा करने और 10–12 घंटे के अंतराल पर निकालने के लिए
इसे एक बड़े कटोरे में रखें

↓

हर 10–12 घंटे के अंतराल में मांस के टुकड़ों को घुमाएं और 3–5 ग्राम नमक छिड़कें
और इसे 2 दिनों तक दोहराएं

↓

बेकन से त्वचा को हटा दें और स्लाइस को छोटे क्यूब्स में काट लें

↓

एक बड़े ट्रे को पेपर तौलिया के साथ लें और उस पर मांस के टुकड़े रख दें

↓

इसे 3 घंटे के लिए धूप में रखें

↓

मांस के टुकड़ों को एक बड़े कांच के कटोरे में या डिप नॉन–स्टिक पैन में डालें

↓

एक महीन पाउडर होने तक कश्मीरी मिर्च को ग्राइंडर में पीसें

↓

जीरा, लौंग, काली मिर्च और हल्दी डालें और एक ठीक पाउडर होने तक पीसना जारी रखें

↓

लहसुन, अदरक और सिरका डालें और एक चिकनी पेस्ट में मिश्रण करें।
यदि यह बहुत मोटी है, तो थोड़ा अधिक सिरका डालें

↓

इस पेस्ट को बेकन क्यूब्स पर डालें और अच्छी तरह से मिलाएं,
कमरे के तापमान पर तीन घंटे या रेफ्रिजरेटर में 2 दिन के लिए मैरिनेट करें

↓

केसिंग भरने के बाद, इसे हर 2 इंच पर बांधा जा सकता है और
परिणामस्वरूप सॉसेज को धूप में सुखाया जाता है और फिर इसे धीरे–धीरे सुखाया जाता है

↓

जब पकाने के लिए तैयार (कम से कम 3–4 दिनों के बाद),
मध्यम आंच पर एक पैन गरम करें और बेकन को पकायें और कुरकुरा होने तक भूनें

❑❑❑

अध्याय 4

चिकन के व्यंजन

1. बटर चिकन (Butter Chicken)

परिचय

बटर चिकन या मुर्ग–मखानी उत्तरी भारत के सबसे लोकप्रिय व्यंजनों में से एक है। यह व्यंजन अपनी मलाईदार मखमली चिकनी टमाटर आधारित ग्रेवी और समृद्ध बनावट के लिए जाना जाता है। इसे रोटी, पास्ता के साथ परोसा जाता है। बटर चिकन की उत्पत्ति एक अन्य प्रसिद्ध उत्तर भारतीय पकवान, तंदूरी चिकन से संबंधित है। पुराने दिनों में रेफ्रिजरेशन की सुविधा न होने के कारण, बिकने से बचा तंदूरी चिकन के अपव्यय से बचने के लिए शेफ ने इस डिश को विकसित किया। शाहकार/महाराज ने टमाटर की ग्रेवी को काट दिया, मक्खन, क्रीम और काजू के साथ समृद्ध और मखमली बनाया, जो चिकन को नरम कर देगा और इसे रसीला बना देगा।

रेसिपी/पाक विधि एवं सामग्री

पहला मरिनेशन/मैरिनेशन

500 ग्राम चिकन (बोन–इन या बोनलेस)

3/4 बड़ा चम्मच नींबू का रस

1/4 चम्मच नमक

1/2 चम्मच लाल मिर्च पाउडर (कश्मीरी मिर्च पाउडर के लिए उपयोग करें)

दूसरा मरिनेशन/मैरिनेशन

3/4 चम्मच कुचली कसूरी मेथी (सूखी मेथी के पत्ते)

1/8 चम्मच हल्दी

1/2 से 3/4 चम्मच गरम मसाला पाउडर

3/4 बड़ा चम्मच सरसों का तेल

1 बड़ा चम्मच अदरक–लहसुन का पेस्ट

1/2 कप गाढ़ी दही

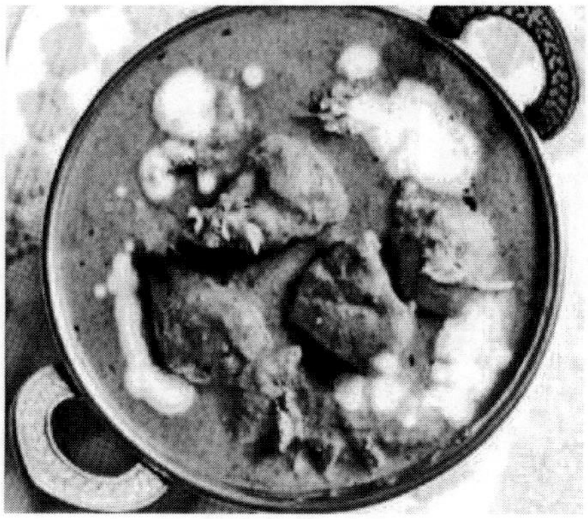

ग्रेवी के लिए

2 बड़ा चम्मच मक्खन

1 चम्मच अदरक–लहसुन का पेस्ट

2 इंच दालचीनी

2 हरी इलायची

2 लौंग

मेथी पाउडर की 1 चुटकी

1 से 2 हरी मिर्च

4 बड़े टमाटर (शुद्ध)

1 चम्मच लाल मिर्च पाउडर

10 काजू

1/2 से 3/4 चम्मच गरम मसाला पाउडर

1/2 बड़ा चम्मच सूखी मेथी के पत्ते (कुचली या पाउडर)

1/4 बड़ा चम्मच चीनी

1/2 चम्मच सिरका

नमक स्वादानुसार

80 से 100 मिलीलीटर ठंडा क्रीम

धनिया पत्ती गार्निश के लिए

बनाने की विधि

1. सामान्य पानी नल में तहत चिकन धो लें और पानी सूखी लें।
2. सबसे पहले नींबू के रस, मिर्च पाउडर और नमक के साथ 20 मिनट के लिए मैरिनेट करें।
3. इसके बाद दही, कसूरी मेथी, सरसों का तेल, हल्दी, अदरक, लहसुन का पेस्ट और गरम मसाला पाउडर के साथ फिर से मैरिनेट करें।
4. कम से कम 3 से 4 बजे के लिए रेफ्रिजरेट करें।
5. काजू को 1 घंटे के लिए भिगोएँ और थोड़े से पानी के साथ एक पेस्ट बनाएं।
6. टमाटर भरता से त्वचा और बीज को हटाने के लिए छानें।
7. चिकन को ओवन या स्टोव टॉप में ग्रिल करें। स्टोव शीर्ष विधि के लिए, एक चम्मच मक्खन डालें और मैरिनेड डालें।

8. जब तक पूरी नमी वाष्पित न हो जाए तब तक तेज आंच पर भूनें। जलने से बचाने के लिए लगातार हिलाते रहें। पकाएं और इसे दूसरी तरफ रख दें।
9. इसे ओवन में ग्रिल करने के लिए, ओवन को 240°C तक कम से कम 20 मिनट तक पहले से गरम करें। इसे तब तक ग्रिल करें जब तक कि मांस अच्छे से पक न जाए।
10. एक पैन को मक्खन के साथ गर्म करें। दालचीनी, लौंग और इलायची डालें। मसाले के कच्चे स्वाद चले जाने तक एक मिनट के लिए भूनें।
11. अदरक लहसुन का पेस्ट और हरी मिर्च डालें और सुगंधित होने तक भूनें।
12. इसके बाद टमाटर की भरता डालें। लाल मिर्च पाउडर, चीनी और नमक डालें।
13. टमाटर भरता के गाढ़ा होने तक मिलाएं और पकाएं। इससे पैन के किनारे भी छोड़ने लगते हैं।
14. 1 कप पानी डालें। मेथी पाउडर और काजू का पेस्ट डालें।
15. मिश्रण को एक उबाल में लाएं और 3–5 मिनट के लिए उबाल लें।
16. लगभग 5 मिनट के लिए चिकन, मिश्रण और उबाल लें। चिकन को नरम बनना चाहिए।
17. गरम मसाला और कसूरी मेथी डालें
18. ठंडा क्रीम डालें और स्टोव बंद करें।
19. धनिया पत्ती और क्रीम से गार्निश करें।

अनुमानित पोषण मूल्य (100 ग्राम के लिए)

अवयव	तथ्य
ऊर्जा	470 कैलोरी
संतृप्त वसा	15 ग्राम
कोलेस्ट्रॉल	130 मि.ग्रा
सोडियम	300 मि.ग्रा
पोटैशियम	600 मि.ग्रा
कुल कार्बोहाइड्रेट	10 ग्राम
प्रोटीन	24 ग्राम
आहार फाइबर	2 ग्राम
शुगर	6 ग्राम

फ्लो चार्ट/प्रवाह चित्र

चिकन धो लें
↓
पहला मैरिनेड
↓
दूसरा मैरिनेड
↓
3–4 घंटा फ्रिज करें
↓
चिकन को ग्रिल करें
↓
मक्खन में साबुत मसाले पकाएं
↓
अदरक–लहसुन का पेस्ट और मिर्च डालें
↓
टमाटर प्यूरी और मसाले डालें
↓
ग्रेवी में चिकन डालें
↓
गरम मसाला और कसूरीमेथी डालें
↓
क्रीम डालें
↓
गार्निश करें

भंडारण और शेल्फ–लाइफ/स्व–आयु

ये डिश/पकवान खपत तत्काल के लिए है, लेकिन एक दिन तक प्रशीतित संग्रहित किया जा सकता है।

2. चिकन चेट्टीनाड (Chicken Chettinadu)

परिचय

चेट्टीनाड व्यंजन दक्षिण भारत में तमिलनाडु राज्य के चेट्टीनाड क्षेत्र से उत्पन्न व्यंजन है। इसमें विभिन्न प्रकार के मसालों का उपयोग किया जाता है और व्यंजन ताजे मसाले से बनाए जाते हैं। अधिकांश व्यंजन चावल और चावल आधारित तैयारी, जैसे डोसा और इडली के साथ खाए जाते हैं।

रेसिपी/पाक विधि एवं सामग्री

500 ग्राम चिकन
2 चम्मच तेल
1 बड़ा प्याज बारीक कटा हुआ
करी पत्तों की 1 से 2 टहनी
2 मध्यम टमाटर (शुद्ध) (या बारीक कटा हुआ)
1 तेजपत्ता

मैरीनेट/मरिनेशन/मैरीनेशन

1/8 चम्मच हल्दी
1/4 चम्मच मिर्च पाउडर
1 बड़ा चम्मच दही
1 बड़ा चम्मच अदरक–लहसुन का पेस्ट
आवश्यकतानुसार नमक

चेट्टीनाडु मसाला/मसाले (भुनी और पिसी हुई)

1 बड़ा चम्मच खसखस या भुना हुआ बंगाल चना या 6 से 8 काजू
1/4 कप कसा हुआ नारियल
1 बड़ा चम्मच धनिया के बीज
1 चम्मच सौंफ के बीज
3/4 चम्मच जीरा
1/2 चम्मच काली मिर्च
4 से 5 लाल मिर्च
3 हरी इलायची और
1 इंच दालचीनी की लौंग

बनाने की विधि

एक कटोरी में हल्दी, मिर्च पाउडर, दही, नमक और अदरक–लहसुन का पेस्ट चिकन में मिलाएं। चिकन को मैरीनेट करें और एक तरफ रखें।

धनिया के बीज और लाल मिर्च को धीमी आंच पर भूनें। जब धनिया के बीज से अच्छी खुशबू आने लगे तो इलायची, जीरा, सौंफ के बीज, काली मिर्च, दालचीनी और लौंग डालें। लौंग को अच्छे से सूंघने तक भूनें। अगला खसखस डालें और जल्दी से हटाए, सुनिश्चित करें कि जले नहीं, एक प्लेट में अलग एक तरफ रखें।

कद्दूकस किए हुए नारियल को तब तक भूनें जब तक कि उसमें अच्छी खुशबू न आ जाए। ठंडा करने के बाद उन्हें एक ब्लेंडर में स्थानांतरित करें और थोड़ा पानी डालें। एक चिकनी पेस्ट बनाएं और एक छोटे कटोरे में अलग एक तरफ रखे। उसी जार में टमाटर को प्यूरी को चिकना करने के लिए पीस लें।

चिकन चेट्टीनाड बनाना

1. एक पैन में तेल गर्म करें तेजपत्ता और प्याज डालें, सुनहरा होने तक भूनें।
2. चिकन को स्थानांतरित करें और कम से कम 4 से 5 मिनट के लिए भूनें।
3. टमाटर, हल्दी, नमक और मिर्च पाउडर डालें। अच्छी तरह मिलाएं और तेल के अलग होने तक भूनें।
4. फिर ग्राउंड पेस्ट और करी पत्ते डालें, 2 से 3 मिनट के लिए भूनें।
5. 1 कप गर्म पानी डालें, ढककर के और जब तक यह पूरी तरह से नरम और कोमल न हो जाए तब तक पकायें।
6. यदि वांछित तरलता की ग्रेवी प्राप्त करने के लिए आवश्यक हो तो अधिक पानी डालें। चिकन ग्रेवी को गाढ़ा होने तक पकाएं। तली हुई करी पत्तों से गार्निश करें।
7. चिकन चेट्टीनाडु ग्रेवी को चावल या चपाती के साथ परोसें।

अनुमानित पोषण मूल्य

अवयव	तथ्य
कैलोरी	570 कैलोरी
वसा से कैलोरी	378 कैलोरी
कुल वसा	42 ग्राम
संतृप्त वसा	12 ग्राम
कुल कार्बोहाइड्रेट	13 ग्राम
आहार फाइबर	5 ग्राम
शक्कर	4 ग्राम
प्रोटीन	34 ग्राम
कोलेस्ट्रॉल	125 मि.ग्रा
सोडियम	136 मि.ग्रा
पोटैशियम	657 मि.ग्रा

3. चिकन फ्राई

परिचय

फ्राइड चिकन एक डिश है जिसमें चिकन, जो पका हुआ होता है और फिर तले हुए, या गहरे तले हुए मिलाया जाता है। ब्रेडिंग चिकन के तले हुए रूपों के बाहरी रूप से एक कुरकुरा या क्रस्ट जोड़ता है। आमतौर पर चिकन को जोड़ों पर काटा जाता है, और हड्डियों और त्वचा को बरकरार रखा जाता है। क्रिस्प कुरकुरी अच्छी तरह से नमक में मैरिनेट परिपक्व त्वचा, अतिरिक्त वसा से युक्त है अच्छी तरह से फ्राई हुआ चिकन की एक बानगी है।

रेसिपी/पाक विधि एवं सामग्री

250 ग्राम क्यूब बोनलेस चिकन
1—1.5 चम्मच ताजा अदरक—लहसुन का पेस्ट
1/2 चम्मच लाल मिर्च पाउडर
1/2 चम्मच काली मिर्च
1/4 चम्मच हल्दी पाउडर
1 चम्मच धनिया पाउडर
1—2 चम्मच नींबू का रस
नमक स्वादानुसार
डीप फ्राई करने के लिए तेल

बनाने की विधि

- चिकन के टुकड़ों को साफ करें और एक कटोरे में रखें।
- इसमें सभी मसाले, अदरक—लहसुन का पेस्ट, नमक और नींबू का रस मिलाएं।
- एक कटोरे में मैरिनेट की हुई सामग्री मिलाएं, फिर चिकन के टुकड़े डालकर मिलाएँ।
- चिकन के टुकड़ों को अच्छी तरह से ढकने तक अच्छी तरह मिलाएं।
- बेहतर स्वाद के लिए कुछ घंटों के लिए ढककर रखें।
- डीप फ्राई के लिए तेल गरम करें और चिकन के टुकड़ों को बिना छीले और ओवरलोड किए धीरे से डालें।

- जब तक चिकन के टुकड़े सुनहरे भूरे रंग के नहीं हो जाते, तब तक मध्यम आँच पर भूनें।
- एक टुकड़ा बाहर निकालें और पकने की जाँच करें।
- जब पक जाए तो, तो तेल से बाहर निकालें, अतिरिक्त तेल निकालें और तले हुए मुर्गियों के अतिरिक्त तेल को अवशोषित करने के लिए रसोई के तौलिये पर सोखने के लिए रखें।
- इसे प्रकार से बाकि बचे शेष टुकड़ों को पकाये, जब तक कि सभी समाप्त न हो जाएं।
- टमाटर की चटनी के साथ स्टार्टर के रूप में परोसें।

फ्लो चार्ट/प्रवाह चित्र

कच्चा मुर्गा लें

↓

छोटे–छोटे टुकड़ों में काटें

↓

पानी से धो लें

↓

नमक, मिर्च पाउडर और हल्दी पाउडर डालें

↓

अंडे, मैदे और मक्के के आटे के घोल में डुबोकर रखें

↓

खाना पकाने के तेल में डीप फ्राई करें

↓

फ्राई चिकन/फ्राइड चिकन

पोषण संबंधी अनुमानित संयोजन

क्रमशः स्तन मांस भाग और जांघ की मांसपेशियों के लिए थियामिन का मान 0.06 से 0.13 और 0.07 से 0.12 मिलीग्राम/100 ग्राम तक होता है। प्रेशर फ्राई हुए नमूनों में वैट फ्राई हुए नमूनों की तुलना में अधिक नमी और कम वसा प्रतिशत होता है। वसा की मात्रा लगभग 15% से 20% तक होता है।

भंडारण और शेल्फ–लाइफ/स्व–आयु

उचित रूप से संग्रहित, फ्राइड़ हुआ चिकन रेफ्रिजरेटर में 3–4 दिनों तक चलेगा। फ्राइड चिकन का शेल्फ–लाइफ उचित पैकेजिंग के साथ फ्रीजर स्टोरेज में काफी बढ़ाया जा सकता है।

4. चिकन शम्मी कबाब (Chicken Shammi Kebab)

रेसिपी/पाक विधि एवं सामग्री

चिकन मांस 250 ग्राम
2 से 3 बड़ा चम्मच गाढ़ी दही
आवश्यकतानुसार नमक
1 बड़ा चम्मच नींबू का रस
3 बड़ा चम्मच गरम मसाला
1 बड़ा चम्मच अदरक–लहसुन का पेस्ट
3 चम्मच लाल मिर्च पाउडर
1 मध्यम प्याज क्यूब

मरिनेशन/मैरिनेशन

- चिकन मांस को पानी से पूरी तरह से धोएं
- सभी सामग्रियों को मिलाएं
- पूरी तरह से कवर, रात भर के लिए प्रशीतक में ठण्डा करें
- चिकन और प्याज को वैकल्पिक रूप से कबाब का सींकचा पर पंक्तिबद्ध करें

बनाने की विधि

- न्यूनतम 15 से 20 मिनट के लिए ओवन को 240°C तक पहले से गरम करें।
- उन्हें एक ट्रे में रखें और 15 मिनट के लिए ग्रिल करें।
- 15 मिनट के बाद उन्हें पलट दे और दूसरे 15 मिनट के लिए ग्रिल करें। अंतिम 5 मिनट में ट्रे को शीर्ष पर ले जाएं या उबाल लें, इस स्तर पर कबाब के ऊपर कुछ मक्खन का तेल ब्रश करें।

अनुमानित पोषण मूल्य (100 ग्राम के लिए)

पैरामीटर	राशि
कैलोरी	200 कैलोरी
कुल वसा	12 ग्राम
प्रोटीन	20 ग्राम
शुगर	2 ग्राम
कुल कार्बोहाइड्रेट	5 ग्राम
कोलेस्ट्रॉल	55 मिग्रा
पोटैशियम	400 मिग्रा
सोडियम	120 मिग्रा

5. चिकन तबाका (Chicken Tabaka)

परिचय

चिकन तबाका या चिकन तपका, पैन फ्राइड चिकन का एक पारंपरिक जॉर्जियाई व्यंजन है और आजकल भारत सहित सभी एशियाई देशों में पाया जाता है। चिकन को एक पारंपरिक फ्राइंग पैन में तपा या तवा कहा जाता है। अच्छी तरह से तलने के लिए, चिकन को तवे पर चपटा किया जाता है और वजन से दबाया जाता है।

विशेषता

- चिकन तबका एक बेहतरीन तरीका है कि पूरी चिकन को जल्दी से पकाया जाए। मांस रसदार और परतदार निकला।
- स्तन मांस भाग के साथ चिकन को विभाजित करना पूरे पक्षी को जल्दी से समतल करना आसान बनाता है, यहां तक कि खाना पकाने के लिए भी।
- चिकन के ऊपर रखी गई भारी वस्तु इस प्रक्रिया को और भी तेज कर देती है।

रेसिपी/पाक विधि एवं सामग्री

3–4 पाउंड पूरा चिकन, रीढ़ की हड्डी को हटा दें और चपटा कर दें
1 कप जैतून का तेल
6 लहसुन तोड़ी लौंग
2 चम्मच मसाला
(लाल शिमला मिर्च, गाजर, लहसुन, हल्दी, काली मिर्च, प्याज)
1 नींबू

बनाने की विधि

- चिकन को एक बड़े ढंके हुए कटोरे में तैयार करें।
- तेल, लहसुन, मसाला मिलाएं, नींबू के रस में निचोड़ें, फिर इसे लगभग 4 बड़े टुकड़ों में काट लें।
- चिकन पर मैरिनेट लें और चिकन में मालिश करें।

- रेफ्रिजरेटर में रात भर या कम से कम कुछ घंटों के लिए मैरिनेट करें।
- मध्यम उच्च आँच पर एक बड़े कच्चा लोहा की कड़ाही गरम करें।
- नमक और काली मिर्च के साथ मैरिनेट और सीजन से चिकन निकालें, फिर गर्म कड़ाही में रखें।
- स्किलेट के ऊपर चिकन पर पत्थर या धातु का भारी वजन रखें।
- 10 मिनट पकाएं, फिर पलट दें, 10 मिनट और पकाते रहें जब तक चिकन अच्छी तरह से पक न जाए (लगभग 20 से 25 मिनट)।

लहसुन की चटनी के लिए सामग्री

- लहसुन की 8–10 लौंग
- 500 मिली पानी
- आधा चम्मच सूखा धनिया
- नमक स्वादानुसार
- 1 चम्मच गर्म लाल मिर्च

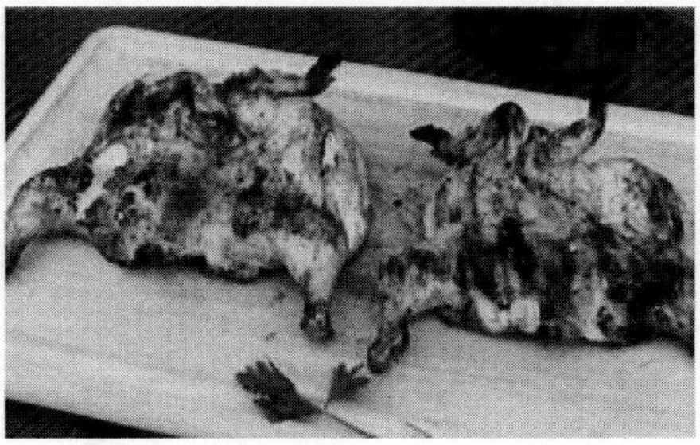

लहसुन की चटनी तैयार करना

- लहसुन की लौंग और आधा चम्मच सूखे धनिया को एक साथ कुचल लें।
- गर्म लाल मिर्च का 1 चम्मच डालें।
- कुचले लहसुन और धनिया के साथ मिलाएं।
- 500 मिलीलीटर उबला हुआ पानी डालें चलाये और हिलाएं।
- चिकन को तलने के लिए इस्तेमाल किए गए तेल में मिश्रण डालें।
- चलाये और 2–3 मिनट के लिए छोड़ दें।
- मिश्रण को एक कटोरे में स्थानांतरित करें।
- चिकन को बड़े टुकड़ों में काटें और लहसुन की चटनी पर डालें।
- गर्म – गर्म परोसें।

फ्लो चार्ट/प्रवाह चित्र

तेल, लहसुन मसाला मिलाएं, नींबू का रस निचोड़ें

↓

स्तन मांस भाग की हड्डी के बीच में चिकन को काटें
(लेकिन पूरी तरह से 2 हिस्सों में अलग न हो)

↓

चिकन पर मैरिनेट डालें और चिकन पर मालिश करें

↓

रेफ्रिजरेटर में रात भर या कम से कम कुछ घंटों के लिए मैरिनेट करें

↓

मध्यम–उच्च आंच पर एक बड़े कच्चा लोहा का कड़ाही गरम करें

↓

नमक और काली मिर्च के साथ चिकन को मैरिनेट और सीजन से निकालें

↓

इसे गर्म स्किलेट में रखें।

↓

स्किललेट पर चिकन पर भारी वजन रखें

↓

10 मिनट पकाएं, फिर पलट दें, फिर से 10 मिनट और जब तक
चिकन अच्छी तरह से पक न जाए पकाएं

भंडारण और स्व–आयु/शेल्फ–लाइफ

उचित रूप से संग्रहित पका हुआ चिकन तबाका रेफ्रिजरेटर में 3–4 दिनों तक रहेगा

- चिकन तबाका के शेल्फ–लाइफ को आगे बढ़ाने के लिए, फ्रीजर में रखें।

पोषण संबंधी अनुमानित संयोजन

अवयव	मात्रा
कैलोरी	300 कैलोरी
प्रोटीन	25 ग्राम
कुल वसा	19 ग्राम
संतृप्त वसा	2.8 ग्राम
पॉलीअनसैचुरेटेड वसा	5 ग्राम
मोनोअनसैचुरेटेड वसा	10 ग्राम

कुल कार्बोहाइड्रेट	2 ग्राम
आहार फाइबर	0.3 ग्राम
कोलेस्ट्रॉल	70 मिग्रा
सोडियम	30 मिग्रा
पोटैशियम	220 मिग्रा

6. चिकन कोरमा (Chicken Korma)

परिचय / इतिहास

कोरमा की उत्पत्ति तुर्की शब्द 'कवर्मिस' से हुई है, जिसका शाब्दिक अर्थ है 'पका हुआ मांस'। इसे करी के कम मसालेदार संस्करणों में से एक माना जाता है। यह स्पष्ट रूप से फारस से उत्पन्न हुआ था और सोलहवीं शताब्दी में मुगल साम्राज्य द्वारा भारत में लाया गया था। कोरमा हल्के मसालेदार या गर्म हो सकते हैं। इसे लैंब या मटन, चिकन से तैयार किया जा सकता है। कुछ कोरमा करियों को पालक और शलजम जैसी सब्जियों के साथ मिलाते हैं।

रेसिपी / पाक विधि एवं सामग्री

1/2 किलो चिकन
1 कप तेल
2–3 चम्मच घी
7 लौंग
2 चम्मच लहसुन
1 बड़ा चम्मच धनिया पाउडर
1 बड़ा चम्मच मिर्च
नमक स्वादानुसार
1 चम्मच अदरक का पेस्ट
1 कप दही
2 प्याज (तली हुई, दही के साथ भरता), कटा हुआ
1 चम्मच गरम मसाला

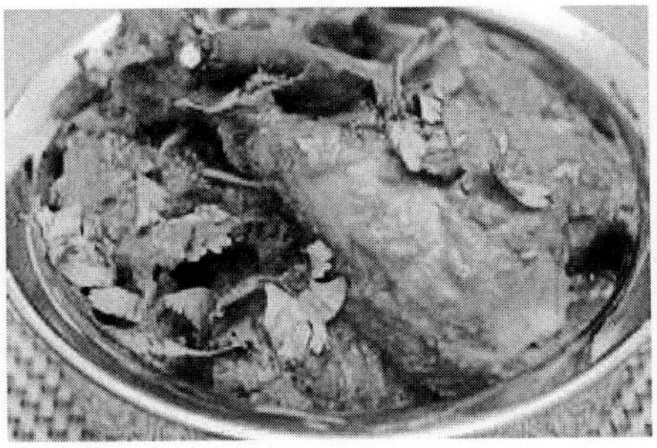

बनाने की विधि

- कड़ाही में वनस्पति तेल गरम करें और फिर घी डालें।
- इलायची, लौंग, लहसुन डालें और मिश्रण को ठीक से भूनें।

- फिर चिकन डालें, इसे मसालों के साथ मिलाएं और लगभग 2–3 मिनट तक पकाएं।
- फिर इसे चलानें शुरू करें। एक बार जब यह भूरा हो जाए, तो धनिया और मिर्च पाउडर डालें।
- अदरक के पेस्ट, तले हुए प्याज और दही के मिश्रण के साथ स्वाद के लिए नमक डालें और एक मिनट के लिए पकाएं।
- फिर स्वाद के लिए गरम मसाला और केसर डालें।
- अगर ग्रेवी बहुत मोटी है तो उसे ढकने से पहले थोड़ा सा पानी डालें।
- मसालों को चिकन के साथ अच्छी तरह से फ्यूज करना चाहिए।
- पैन को ढकें और धीमी आग पर पकाएं। इसे लगभग 10–15 मिनट तक उबलने दें।
- पैन की सतह और बाद में जलने से बचने के लिए कभी–कभी चलाते रखें।
- गर्म – गर्म परोसें

7. चिकन पिश–पश (Chicken Pish & Pash)

परिचय

एक पिश–पश 'एक सूप' या स्टू' है जिसमें चावल और मांस के छोटे टुकड़े, खासकर चिकन के होते हैं। एक पिश–पश की एक स्पष्ट एंग्लो–इंडियन विरासत है, और अनिवार्य रूप से मिशमश (एक भ्रमित मिश्रण) है। एक पिश–पश को हैश के लिए दूसरे नाम के रूप में माना जा सकता है, एक डिश जिसमें मांस होता है जिसे पहले पकाया जाता है, छोटा काट दिया जाता है, ग्रेवी और सॉस के साथ गर्म किया जाता है। यह एक पॉट भोजन है, जहाँ पूरे मसालों के साथ चिकन स्टॉक में चावल पकाया जाता है। यह एक हल्का, हार्दिक और स्वास्थकर व्यंजन है।

रेसिपी/पाक विधि एवं सामग्री

बासमती चावल– 2 कप
चिकन– 700 ग्राम (हड्डी के साथ मध्यम आकार के टुकड़े)

प्याज – 1 मध्यम आकार (पतले कटा हुआ)
अदरक – 1½ बड़ा चम्मच
अदरक–लहसुन का पेस्ट – 1 चम्मच
काली मिर्च – 1/2 चम्मच (लगभग कुचला हुआ)
हरी मिर्च – 3–4 (टूटी हुई)
मटर– 1/4 कप
घी/मक्खन – 1 बड़ा चम्मच या अधिक
वनस्पति तेल – 1 चम्मच
नमक स्वादानुसार
चीनी – 1 बड़ा चम्मच
तड़के के लिए
काली मिर्च – 1/4 चम्मच
(लगभग उबला हुआ)
साबुत सूखी लाल मिर्च – 1
तेजपत्ता – 1
दालचीनी – (एक टुकड़ा) – 1 इंच
हरी इलायची – 3 (लगभग कुचल कर)
लौंग – 3
स्टार ऐनीज/चक्र फूल – 1

बनाने की विधि

- चावल को अच्छे से धोकर अलग रख लें।
- कुकर में तेल गरम करें अदरक–लहसुन का पेस्ट, नमक के साथ चिकन के ताजे धोए गए टुकड़ों को मिलाएं।
- अच्छी तरह से मिलाएं और 2 कप पानी डालें (पानी का स्तर चिकन के टुकड़ों से ऊपर होना चाहिए)।
- इसे पांच मिनट के लिए प्रेशर कुक करें, दबाव कम होने के बाद ढक्कन खोलें।
- एक नॉन–स्टिक डीप फ्राइंग पैन/कड़ाही में घी गरम करें।
- तड़के के लिए बताई गई सभी सामग्री डालें, कुछ सेकंड के लिए चलायें–हिलाएँ।

- अब मीडियम आंच पर कटे हुए प्याज पकाएं जब तक मिश्रण हल्का भूरा न हो जाए।
- चावल, हरी मिर्च और अदरक डालें, मिलाएँ और मध्यम आँच पर पाँच मिनट तक भूनें।
- अब चिकन के टुकड़ों को अलग रखते हुए चिकन स्टॉक डालें।
- ढककर धीमी आंच पर पकाएं। जब चावल आधा पक जाए तो चिकन के टुकड़े डालें।
- अच्छी तरह मिलाएं, मटर डालें। ढंक कर धीमी आंच पर पकाएं।
- जब चावल अच्छी तरह पक जाए तो चीनी और 1 बड़ा चम्मच घी डालें।
- अच्छी तरह से मिलाएं और अतिरिक्त 2–3 मिनट के लिए पकाएं।
- नमक की जाँच करें और आंच से हटाएं।

अनुमानित पोषण मूल्य (100 ग्राम के लिए)

अवयव	मात्रा
कार्बोहाइड्रेट	22 ग्राम
प्रोटीन	8 ग्राम
वसा	11 ग्राम
फाइबर	2.3 ग्राम
सोडियम	530 मिलीग्राम
संतृप्त वसा	4.6 ग्राम
कुल कैलोरी	225 कैलोरी

संवेदी गुणवत्ता

दिखावट भावपूर्ण
स्वाद खट्टा स्वाद

8. चिकन टिक्का मसाला

परिचय

यह मूल रूप से एक पंजाबी व्यंजन है जो 40–50 वर्ष से अधिक पुराना नहीं है और एक आकस्मिक खोजी गई है, जो समय–समय पर सुधारों से गुजरी है।

रेसिपी/पाक विधि एवं आवश्यक सामग्री

मुर्गे के लिए

600 ग्राम स्किन फ्री, बोनलेस चिकन ब्रेस्ट, जांघ या मिक्स
6 बड़े चम्मच सादा–साबुत दही
1/2 बड़ा चम्मच कसा हुआ अदरक
लहसुन की 3 लौंग, कीमा बनाया हुआ
1 चम्मच जीरा पाउडर
1¼ चम्मच नमक

टिक्का मसाला सॉस के लिए

2 बड़े चम्मच तेल
1 छोटा प्याज, पतले कटा हुआ
2 चम्मच कद्दूकस की हुई अदरक
4 लौंग लहसुन, कीमा बनाया हुआ
1 बड़ा चम्मच जमीन धनिया
2 चम्मच लाल शिमला मिर्च
1 चम्मच गरम मसाला
1/2 चम्मच हल्दी
35 ग्राम कुचल टमाटर
1/2 चम्मच काली मिर्च
1/2 चम्मच नमक
धनिया पत्ती गार्निश करने के लिए।

बनाने की विधि

1. चिकन के टुकड़ों को मध्यम आकार के कटोरे में रखें। दही, अदरक, लहसुन, जीरा, लाल शिमला मिर्च और नमक डालें। चिकन को मसाले के साथ मिलाएं जब तक कि चिकन समान रूप से लेपित न हो जाए।
2. कटोरे को प्लास्टिक की चादर से ढक दें और चिकन को लगभग एक घंटे के लिए फ्रिज में रख दें।
3. एक बड़े कटोरे में, मध्यम आंच पर 1 बड़ा चम्मच तेल गरम करें। चिकन के टुकड़े डालें और लगभग 6–7 मिनट तक पकाएं। एक प्लेट में स्थानांतरित करें और एक तरफ एक तरफ रख दें।

4. चिकन पकाने के लिए इस्तेमाल होने वाले पैन को नीचे से पोंछ लें। तपिश मध्यम आँच पर बचा हुआ तेल डालें। प्याज डालकर पकाएं मिनट या नरम होने तक हिलाते रहें। कसा हुआ अदरक, कीमा बनाया हुआ लहसुन, धनिया, लाल शिमला मिर्च, गरम मसाला, हल्दी, काली मिर्च और काला नमक डालें। मसाले को तब तक पकने दें जब तक कि वह खुशबू न दे जो एक मिनट में लगभग 30 सेकंड तक का समय ले सकता है।
5. मसाले के साथ कुचल टमाटर को पैन में डालें और 4 मिनट के लिए सब कुछ पकने दें, अक्सर चलते रहें। दही डालें और आपस में मिलाने के लिए चलाते रहें।
6. आँच को कम करें और सॉस को दूसरे बार चार मिनट उबलने दें। चिकन के टुकड़ों को पैन में डालें और सॉस के साथ लेपित करें।
7. धनिया पत्ती से गार्निश करने के बाद परोसें।

पैकेजिंग और भंडारण

यह पकवान कमरे के तापमान पर अधिकतम 12 घंटे और रेफ्रिजरेटर में 2 से 3 दिनों तक संग्रहित की जा सकती है। एयरटाइट कंटेनर में भंडारण की सलाह दी जाती है।

9. दमका चिकन (Dumka Chicken)

परिचय

दमका चिकन एक लोकप्रिय पारंपरिक हैदराबादी व्यंजन है जिसे 'दम का मुरग' के नाम से जाना जाता है। इसका एक बहुत ही समृद्ध सुगंधित स्वाद है। यह चिकन आमतौर पर धीमी गति से खाना पकाने की विधि के बाद, बहुत सारे मसाले, बादाम और क्रीम के साथ पकाया जाता है।

दम का चिकन भारत के "अवध" क्षेत्र से जुड़ी एक खाना पकाने की तकनीक है, जिसमें मांस और सब्जियों को बहुत कम आंच पर आमतौर पर सील कंटेनरों में पकाया जाता है। भारत में शुरू की गई यह तकनीक फारसी खाना पकाने की विधियों पर आधारित हो सकती है। दम का मुरग नुस्खा आमतौर पर एक लगन में तैयार किया जाता है और इसलिए इसे "लगन का मुरग" भी कहा जाता है

रेसिपी/पाक विधि एवं सामग्री

चिकन – 1 किलो
धनिया पाउडर –1 टेबल स्पून
जीरा पाउडर – 1/2 टेबल स्पून
कैरवे (शाही जीरा) पाउडर 1/2 चाय चम्मच
दालचीनी छड़ी – 3
इलायची – 10
लौंग – 1/2 चाय चम्मच
लाल मिर्च पाउडर – 1 टे. स्पून
हरी मिर्च का पेस्ट – 1 टे. स्पून
दही – 1 कप
तला हुआ प्याज (स्लाइस) – 2 नं
अदरक–लहसुन का पेस्ट–1 टे. स्पून
काजू – 1 टेबल स्पून
हल्दी – 1/4 चाय चम्मच
नमक स्वादानुसार
पुदीना के पत्ते (कटा हुआ)–1/2 गुच्छा
धनिया पत्ती (कटी)–1/2 गुच्छा
नीबू का रस – 1 टेबल स्पून
तेल – 2 टेबल स्पून

बनाने की विधि

- चिरौंजी और काजू को ब्लेंडर में डालें और पानी मिला कर एक महीन पेस्ट बनाएं।
- एक पैन लें (ढक्कन के साथ), चिकन, चिरौंजी और काजू का पेस्ट, अदरक–लहसुन का पेस्ट, तले हुए प्याज, दही, हरी मिर्च पाउडर, साबुत गरम मसाला (दालचीनी स्टिक, इलायची, लौंग, शाही जीरा), जीरा पाउडर डालें। धनिया पाउडर, हल्दी पाउडर, नमक, कटा हुआ पुदीना के पत्ते, कटा हुआ हरा धनिया, नींबू का रस निचोड़ें, तेल डालें और अच्छी तरह मिलाएँ। इसे चार घंटे के लिए मैरिनेट करें।

- उसके बाद चिकन को बाहर निकालें, पानी डालें, ढक्कन के साथ कवर करें, गेहूं के आटे से ढक्कन के किनारों को सील करें।
- इसे 10 मिनट तक मध्यम आंच पर पकने दें और आंच को कम कर दें।
- पैन को लोहे के तवा पर वापस रखें और धीमी आंच पर 35 मिनट तक पकाएं, फिर आंच बंद कर दें और फिर इसे 20 मिनट के लिए छोड़ दें। रोटी या चावल के साथ परोसें।

फ्लो चार्ट/प्रवाह चित्र

पानी डालकर चिरौंजी और काजू का पेस्ट बना लें

↓

पैन में सभी सामग्री डालें और इसे 4 घंटे के लिए रखें

↓

ढक्कन पर आटा के साथ किनारों को सील करें

↓

धीमी आंच पर 10 मिनट तक पकाएं

↓

लोहे तवा पर पैन वापस रखें और धीमी लौ से 35 मिनट के लिए पकाएं

↓

आंच बंद करें, इसे 20 मिनट के लिए छोड़ दें

अनुमानित पोषण मूल्य (100 ग्राम के लिए)

कैलोरी	730 कैलोरी
प्रोटीन	48 ग्राम
आहार फाइबर	4.7 ग्राम
कोलेस्ट्रॉल	225 मिलीग्राम
लोहा	4.7 मिलीग्राम
पोटैशियम	816 मिलीग्राम
सोडियम	388 मिलीग्राम
कैल्शियम	80 मिलीग्राम
विटामिन सी	17 मिलीग्राम

भंडारण और स्व–आयु/शेल्फ–लाइफ

दम–का–चिकन एक ग्रेवी डिश है। इसलिए इसे 3–4 दिनों के लिए रेफ्रिजरेटर में रखा जा सकता है।

संवेदी गुणवत्ता

स्वादः मसालेदार
रंगः नारंगी चमकीले अंधेरे के लिए (हम उपयोग पर आधारित सामग्री)
तरलताः अर्ध ठोस (मोटी)
बनावटः नरम चिकन ग्रेवी डिश

10. गोंगुरा चिकन

परिचय

गोंगुरा चिकन रेसिपी आंध्र चिकन करी की एक विविधता है जो विशेष रूप से रेस्तरां में बहुत लोकप्रिय है। चिकन को लाल सॉरेल पत्तियों के साथ पकाया जाता है जिसे तीखे स्वाद पाने के लिए गोंगुरा के रूप में जाना जाता है। यह आंध्र प्रदेश के कुछ क्षेत्रों में एक बहुत ही सामान्य व्यंजन है और अक्सर इसका सेवन किया जाता है। इन पत्तियों को आंध्र के कुछ क्षेत्रों और तमिलनाडु में पुलीचकेराय के रूप में पुंटिकुरा भी कहा जाता है। यह लोहे और कुछ अन्य आवश्यक पोषक तत्वों का एक समृद्ध स्रोत है, इसलिए यह आंध्र के व्यंजनों में व्यापक रूप से उपयोग किया जाता है।

उत्तम गुणवत्ता वाले गोंगुरा चिकन की तैयारी/रेसिपी मुख्य रूप से पत्तियों की खटास पर निर्भर करती है। अगर पत्ते बहुत ज्यादा खट्टे हैं तो कढ़ी खट्टी खट्टी हो सकती है। इसलिए हमेशा मिश्रित पेस्ट के एक हिस्से को अलग रखना बेहतर होता है, खट्टेपन की जांच करें और यदि आवश्यक हो तो बाकी डाले दें।

रेसिपी/पाक विधि एवं सामग्री

गोंगुरा चिकन रेसिपी
हड्डियों के साथ चिकन 500 ग्राम
1 कप गोंगुरा के पत्ते
3 से 4 हरी मिर्च
कटा हुआ प्याज के 3/4 कप
1 से 1½ चम्मच गरम मसाला
2 चम्मच खसखस का पेस्ट या 10 काजू
तेल जरूरत अनुसार

सूखे मसाले

1 तेजपत्ता या करी पत्तों का 1 चम्मच

2 हरी इलायची

4 लौंग

छोटी दालचीनी की छड़ी

चुटकी भर जीरा

मैरिनेशन

1 चम्मच नींबू का रस

3/4 बड़ा चम्मच अदरक लहसुन का पेस्ट

1/8 चम्मच हल्दी पाउडर

1/8 चम्मच लाल मिर्च पाउडर

स्वादानुसार नमक

बनाने की विधि

1. गोंगुरा चिकन करी को मिलाने के लिए, खसखस या काजू के एक चिकने पेस्ट की जरूरत होती है। कुरकुरे होने तक या तो सूखे खसखस को भूनें या कुरकुरे होने तक धूप में सुखाएं। उन्हें पहले एक ब्लेंडर में पाउडर करें और फिर थोड़ा पानी डालें और एक पेस्ट बनाएं। खसखस की जगह काजू का इस्तेमाल किया जा सकता है। थोड़ा पानी के साथ एक चिकनी पेस्ट बनाएं और एक तरफ रख दें।
2. पत्तियों को साफ करें और उन्हें कई बार पानी में धोएं और पानी को सूखा दें। हरी मिर्च के साथ एक चम्मच तेल में पत्तियों को पकाएं। स्वाद के अनुसार ठंडा या चिकना पेस्ट मिलाएं। खसखस का पेस्ट बनाने के लिए इस्तेमाल किया जाने वाला वही जार इस काम के लिए इस्तेमाल किया जा सकता है।
3. चिकन को मैरिनेशन के तहत बताई गई सामग्री के साथ मैरिनेट करें और इसे एक तरफ रख दें।

गोंगुरा चिकन करी बनाना

1. एक पैन में गर्म तेल में मसालों को भूनें, प्याज डालें और सुनहरा होने तक भूनें।

2. अदरक–लहसुन का पेस्ट डालें और तब तक भूनें जब तक कि कच्ची गंध न निकल जाए।
3. चिकन डालें और उच्च आंच पर भूनें जब तक कि चिकन भूरे–भूरे रंग का न हो जाए। चिकन को ढंकने के लिए पर्याप्त पानी डालें, गरम मसाला छिड़कें।
4. चिकन को नरम होने तक ढके और पकाएं। खसखस का पेस्ट डालें और फिर गोंगुरा के पत्तों का पेस्ट डालें।
5. अच्छी तरह से मिलाएं और लगभग 4 मिनट तक या वांछित तरलता तक पहुंचने तक पकाएं।
6. गोंगुरा चिकन करी को चावल के साथ थोड़ा घी और कच्चे प्याज के साथ परोसें।

11. चिली चिकन (Chilli Chicken)

परिचय

चिली चिकन देश भर में खायी जाने वाली सबसे लोकप्रिय चिकन पकवानों में से एक है। इसे ड्राई स्नैक के रूप में तैयार किया जा सकता है, जो एक लोकप्रिय पार्टी स्टार्टर है। इसे मसालेदार ग्रेवी के रूप में भी तैयार किया जा सकता है, जो पैन फ्राइड नूडल्स के साथ परोसे जाने पर सबसे अच्छा स्वाद देता है। इसे और अधिक रंगीन बनाते हैं, कभी–कभी मध्यम मात्रा में बेल मिर्च को इस चिकन नुस्खा में डाला जाता है। उपभोक्ताओं की पसंद के अनुसार इसमें शहद या हरी मिर्च मिलाकर भी इसे संशोधित किया जा सकता है।

रेसिपी/पाक विधि एवं सामग्री

400 ग्राम चंक्स चिकन
1/2 कप कॉर्न फ्लोर/मक्का आटा
1/2 चम्मच लहसुन का पेस्ट
2 बड़ा चम्मच हरी शिमला मिर्च
2 चम्मच बारीक कटी हरी मिर्च
2 चम्मच सिरका
1/2 कप सूरजमुखी तेल
1 फेता हुआ अंडा

1/2 चम्मच अदरक का पेस्ट
2 कप कटा हुआ प्याज
1 बड़ा चम्मच सोया सॉस
1 मुट्ठी कटा हुआ वसंत प्याज
1/2 चम्मच नमक चूर्ण

बनाने की विधि

चरण 1: एक कटोरे में चिकन चंक्स, बारीक कटी शिमला मिर्च, स्प्रिंग प्याज, हरी मिर्च, लहसुन और अदरक, सिरका और मक्का का आटा लें। सभी सामग्री को अच्छी तरह मिलाएं। फिर एक ही कटोरे में, पर्याप्त पानी डालें ताकि चिकन के टुकड़े बैटर के साथ अच्छी तरह से लेपित हों जाए। एक बार हो जाने के बाद, 1–2 घंटे के लिए मैरिनेट करने के लिए अलग रख दें।

चरण 2: 1–2 घंटे के बाद, अचार को बाहर निकालें, तेज आंच पर एक गहरे पैन में तेल गरम करें। पकने तक चिकन के टुकड़ों को तेल में सावधानी से रखें। एक शोषक कागज पर अतिरिक्त तेल सूखा लें। मध्यम आंच पर एक अलग पैन में 1 या 2 बड़ा चम्मच तेल गरम करें। तेल पर्याप्त रूप से गर्म हो जाने पर, प्याज डालें और 2–3 मिनट के लिए भूनें जब तक कि वे पारभासी न हो जाएं। फिर हरी मिर्च डालें और फिर अच्छी तरह से मिलाएँ। स्वाद बढ़ाने के लिए कुछ सूखी भुनी हुई हरी मिर्च भी डाली जा सकती है। इसे बहुत मसालेदार बनाने के लिए, इस नुस्खा में कुछ सिरका भिगोए हुए हरी मिर्च डालें, क्योंकि यह स्वाद को और बढ़ाता है।

चरण 3: थोड़ी देर के बाद, सोया सॉस, सिरका, चिकन और नमक डालें। सभी सामग्री को अच्छी तरह मिलाएं और सुनिश्चित करें कि चिकन सॉस के साथ अच्छी तरह से लेपित है। एक बार हो जाने के बाद, डिश को कटोरे में निकालें और स्थानांतरित करें। वसंत प्याज, भूनी हुई तिल (वैकल्पिक) के साथ गार्निश करें और परोसें।

12. चिकन–65 (Chicken - 65)

परिचय

चिकन 65 एक मसालेदार गहरी तली हुई चिकन डिश है, जो भारत के चेन्नई क्षेत्र में एक त्वरित स्नैक के रूप में उत्पन्न हुई है। डिश के विशेष स्वाद के लिए

लाल मिर्च को जिम्मेदार ठहराया जाता है, लेकिन सटीक संरचना अलग–अलग हो सकती है। इसे बोनलेस या बोन–इन चिकन का उपयोग करके तैयार किया जा सकता है। यह आमतौर पर प्याज और नींबू के साथ गार्निशिंग के बाद परोसा जाता है।

रेसिपी/पाक विधि एवं सामग्री

मैरिनेड करने के लिए

बोनलेस चिकन – 1 किलो
अदरक–लहसुन का पेस्ट – 1 चम्मच
काली मिर्च पाउडर – 1 चम्मच
हल्दी पाउडर – 1/4 चम्मच
धनिया पाउडर – 3 चम्मच
लाल मिर्च पाउडर – 1) चम्मच
कश्मीरी मिर्च पाउडर – 1/2 चम्मच
गरम मसाला – एक चुटकी
मक्का का आटा – 2 बड़ा चम्मच
जीरा पाउडर – 1/4 बड़ा चम्मच
अंडा (फेता) – 1
नींबू का रस – 3 बड़ा चम्मच
नमक स्वादानुसार
तेल (गहरी तलने के लिए) – 2 से 3 कप

तड़के के लिए

जीरा – 1/4 चम्मच
अदरक (बारीक कटी हुई) – 1/2 इंच
लहसुन (बारीक कटा हुआ) – 3 नं
करी पत्ते –1 गुच्छा
हरी मिर्च (विभाजित लंबाई के अनुसार) – 2 नं

बनाने की विधि

1. चिकन को एक इंच के छोटे आकार के टुकड़ों में काटें।
2. ऊपर (तेल को छोड़कर) सूचीबद्ध सभी सामग्रियों के साथ चिकन को मैरिनेट करें और इसे 30 मिनट के लिए रेफ्रिजरेटर में छोड़ दें। मैरिनेशन समय जितना आधिक होगा चिकन 65 उतना ही नरम व मुलायम आकर्षक होगा।

3. एक नॉनस्टिक पैन में, तेल गरम करें, मसालेदार चिकन के टुकड़ों को बैचों में डालें और इसे डीप फ्राई करें। मध्यम आंच में प्रत्येक बैच को पकाने में सिर्फ 5 से 8 मिनट का समय लगता है। एक टुकड़ा बाहर निकालें और जांचें कि क्या मांस अंदर से पक गया है। सुनिश्चित करें कि यह रसदार और नम रखने के लिए पर्याप्त समय के लिए पकाया जाय।

4. एक अन्य नॉन स्टिक पैन में जीरा डालें, सुगंध छोड़ने तक उसे भूनें, कटा हुआ लहसुन और अदरक, कटी हुई मिर्च और करी पत्ता डालें और लगभग 2 मिनट तक हिलाते हुए सब कुछ भूनें। इसमें तला हुआ चिकन मिलाएं। उन्हें अच्छी तरह से विक्षेप करें।

5. एक स्टार्टर के रूप में या चावल, चपाती या नान के साथ कच्चे प्याज के स्लाइस और नींबू वेजेज के साथ परोसें।

फ्लो चार्ट/प्रवाह चित्र

चिकन को 1 इंच आकार के छोटे टुकड़ों में काट लें

↓

चिकन को मसाले, नींबू के रस और नमक के साथ मिलाएं

↓

मैरीनेट किया हुआ चिकन 2 घंटे के लिए रेफ्रिजरेटर में रखें।

↓

एक नॉन–स्टिक पैन में तेल गरम करें

↓

घानी में चिकन के टुकड़े डालें और भूनें

↓

एक और नॉनस्टिक पैन लें, उसमें जीरा डालें और खुशबू छोड़ने के लिए थोड़ी देर भूनें

↓

कटा हुआ लहसुन और अदरक, कटा हुआ मिर्च और करी पत्ते डालें,
इसे 2 मिनट के लिए हिलाकर सब कुछ भूनें।

↓

इसमें तली हुई चिकन डालें, और उन्हें अच्छी तरह से उछालें

↓

कच्चे प्याज के स्लाइस और नींबू वेजेज के साथ परोसें

भंडारण और शेल्फ–लाइफ/स्व–आयु

प्रशीतन के तहत उचित रूप से संग्रहित तली हुई चिकन 3 से 4 दिनों तक चलेगी।

अनुमानित पोषण मूल्य (100 ग्राम)

अवयव	तथ्य
प्रोटीन	11 ग्राम
कैलोरी	88 कैलोरी
कुल वसा	3 ग्राम
असंतृप्त	– ग्राम
संतृप्त	1 ग्राम
कुल कार्बोहाइड्रेट	5 ग्राम
आहार फाइबर	1 ग्राम
कोलेस्ट्रॉल	51 मिग्रा
सोडियम	57 मिग्रा

संवेदी गुणवत्ता

रंगः लाल
बनावटः बाहर खस्ता और अंदर रसदार
स्वादः मसालेदार
कुल मिलाकरः अत्यंत वांछनीय

13. चिकन का अचार (Chicken Pickle)

परिचय

- अचार बनाना, नमकीन या सिरका में किण्वन द्वारा भोजन के शेल्फ–लाइफ को संरक्षित या विस्तारित करने की प्रक्रिया है।
- अचार बनाने की प्रक्रिया आम तौर पर भोजन की बनावट और स्वाद को प्रभावित करती है। परिणामी भोजन को अचार कहा जाता है।
- अचार की एक और विशिष्ट विशेषता, 4.6 या उससे कम पीएच है, जो अधिकांश जीवाणु विकास को रोकने के लिए पर्याप्त है। अचार बनाने की प्रक्रिया द्वारा जल्दी खराब होने वाले खाद्य पदार्थों को महीनों के लिए संरक्षित किया सकता है।

- अचार को बिना मौसम के उपयोग के लिए और लंबी यात्रा, विशेष रूप से समुद्र के द्वारा यात्रा के लिए भोजन को संरक्षित करने के तरीके के रूप में इस्तेमाल किया गया था।
- रोगाणुरोधी जड़ी–बूटियों और मसालों, जैसे कि सरसों के बीज, लहसुन, दालचीनी या लौंग, इसमें अक्सर डाले जाते हैं।
- भारत एक विशाल देश होने के कारण प्रत्येक राज्य के अलग–अलग स्वाद हैं। केरल, पंजाब, आंध्रप्रदेश और गोवा के चिकन अचार की अलग–अलग रेसिपी हैं।

रेसिपी/पाक विधि एवं सामग्री

बोनलेस चिकन – 1 किलो
नमक – 100 ग्राम
लाल मिर्च पाउडर – 100 ग्राम
हल्दी पाउडर – 2 चम्मच
धनिया के बीज – 100 ग्राम
खसखस – 50 ग्राम
काजू – 50 ग्राम
अदरक – 50 ग्राम
लहसुन – 50 ग्राम
छोटे सरसों के बीज – 1 चम्मच
मेथी के बीज – 1/2 चम्मच
लौंग – 15–20
दालचीनी – 2 सेमी
इलायची – 15
नींबू – 6 बड़ा
तेल – 1/2 किलो

सभी सूखे मसालों और सामग्री को भूनें और पाउडर बना लें, अदरक–लहसुन का पेस्ट बनाएं, उन्हें एक अलग कटोरे में रखें।

बनाने की विधि

- चिकन के साफ टुकड़ों को 1 चम्मच हल्दी पाउडर और 1/2 चम्मच नमक डालकर तब तक पकाएं जब तक कि पानी का भाप न बन जाए।

- एक फ्राइंग पैन में 250 ग्राम तेल गरम करें, धीरे–धीरे इसमें बोनलेस चिकन के टुकड़े डालें। तेज आंच में सुनहरा रंग होने तक भूनें, एक बार तल कर उन्हें एक बड़े मिश्रण के कटोरे में स्थानांतरित करें।
- बचे हुए गर्म तेल में अदरक लहसुन का पेस्ट को तेज आंच में दो मिनट के लिए भूनें। आंच से उतारकर अलग रख दें।
- तले हुए चिकन के टुकड़ों में नमक और सभी मसाले पाउडर, खसखस और काजू पाउडर मिलाएं।
- तेल में तला हुआ अदरक–लहसुन पेस्ट (तेल के साथ) डालें। इसे पूरी तरह से ठंडा होने दें और 100 मिलीलीटर नींबू का रस मिलाएं (गर्म सामग्री में नींबू का रस मिलाकर इसे कड़वा कर सकते हैं)।
- सभी सामग्रियों को अच्छी तरह मिलाएं, 250 ग्राम तेल गर्म करें और इसमें डालें, भंडारण के लिए अचार को एयर–टाइट कंटेनर में रेफ्रिजरेटर में स्टोर करना सबसे अच्छा है।
- मसालेदार और स्वादिष्ट चिकन अचार तैयार है। गर्म सादे चावल के साथ परोसें, अद्‌भुत स्वाद का लुफ्त/आनंद लें।

फ्लो चार्ट/प्रवाह चित्र

एक बर्तन में तेल गरम करें

↓

इसमें धीरे–धीरे बोनलेस चिकन के टुकड़े डालें,
तेज आंच में सुनहरा रंग होने तक भूनें और एक तरफ रख दें

↓

बचे हुए तेल में अदरक–लहसुन का पेस्ट भूनें

↓

नमक और लाल मिर्च, काजू, खसखस, धनिया,
मेथी, सरसों, इलायची, दालचीनी, लौंग, हल्दी पाउडर डालें

↓

उपरोक्त मिश्रण में तेल में तला हुआ अदरक–लहसुन पेस्ट (तेल के साथ) मिलाएं

↓

नींबू का रस डालें (सामग्री पूरी तरह से ठंडा होने के बाद)

↓

सभी सामग्री को अच्छी तरह मिलाएं

↓

गर्म परोसने के लिए तैयार (या) भंडारण के लिए ठंडा होने पर गर्म तेल मिलाएं

संवेदी गुणवत्ता

स्वादः मसालेदार
रंगः लाल रंग
बनावटः अर्ध–ठोस

भंडारण और शेल्फ–लाइफ/स्व–आयु

भंडारण तापमानः कमरे के तापमान पर
शेल्फ–लाइफः 6 महीने

14. तंदूरी चिकन (Tandoori Chicken)

परिचय

तंदूरी चिकन, तंदूर (एक बेलनाकार मिट्टी के ओवन) में दही और मसालों में मसालेदार चिकन भूनकर तैयार किया गया व्यंजन है। यह भारतीय उपमहाद्वीप का एक लोकप्रिय व्यंजन है और दुनिया के अन्य हिस्सों में लोकप्रिय हो गया है।

रेसिपी/पाक विधि एवं सामग्री

8 बड़े चिकन के टुकड़े त्वचा के साथ (2 टुकड़े स्तन, 2 टुकड़े जांघों, 2 टुकड़े ड्रमस्टिक, पंखों के एक जोड़े)

मैरिनेड के लिए

4 चम्मच लाल मिर्च का पेस्ट
3 बड़ा चम्मच अदरक और लहसुन का पेस्ट
2 चम्मच चाट मसाला
1.5 छोटा चम्मच तंदूरी मसाला
1 बड़ा चम्मच तेल
3 बड़ा चम्मच दही
नमक स्वादानुसार
1/2 नींबू (रस)

तंदूरी मसाले के लिए

2 छड़ी दालचीनी
1 बड़ा चम्मच काली मिर्च
5 हरी इलायची
3 भूरी इलायची

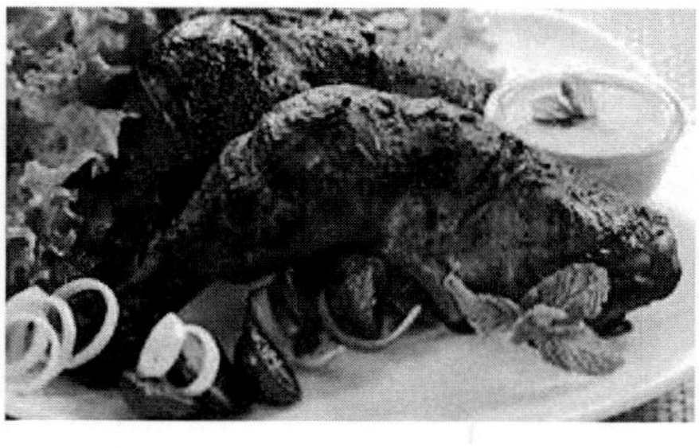

2 चम्मच धनिया के बीज
3 चम्मच जीरा
3 लौंग
1 तेजपत्ता

बनाने की विधि

- मध्यम आँच पर एक छोटी कड़ाही में तेल गरम करें, फिर धनिया, जीरा, हल्दी, गरम मसाला और लाल शिमला मिर्च को भूनें, जब तक कि खुशबू न निकले (लगभग 2–3 मिनट) अक्सर चलाते रहें। इसे पूरी तरह से ठंडा होने दें।
- दही में ठंडा मसाला तेल मिलाएं, फिर नींबू का रस, लहसुन, नमक और अदरक मिलाएं।
- जांघ के टुकड़ों पर 3–4 स्थानों पर गहरी स्लैश काटें। यदि ड्रमस्टिक्स और जांघों का उपयोग किया जा रहा है तो बस 2–3 कट करें। चिकन को मैरिनेड के साथ लेपन करें, कम से कम एक घंटे के लिए ढकें और ठंडा करें।
- ग्रिल तैयार करें ताकि एक तरफ सीधी आँच पर काफी गर्म हो, दूसरी तरफ और दूसरा हिस्सा जो सीधे आंच से दूर है वह ठंडा रहे। यदि लकड़ी का कोयला का उपयोग कर रहे हैं, तो एक किनारा बिना कोयले के ग्रिल का छोड़ दें, ताकि एक गर्म पक्ष और एक ठंडा पक्ष हो। यदि गैस ग्रिल का उपयोग कर रहे हैं, तो बस आधा बर्नर चालू करें। वनस्पति तेल में भिगोए हुए कागज के तौलिये के साथ ग्रिल के टुकड़ों को पोंछने के लिए चिमटे का उपयोग करें।
- चिकन को मैरिनेड से बाहर निकालें और अतिरिक्त हिलाएं–मिलाएं। ग्रिल और कवर के गर्म तरफ चिकन के टुकड़े रखें। चेक करने से 2–3 मिनट पहले तक पकाएं। चिकन को मोड़ें ताकि यह सभी तरफ सुनहरे भूरे रंग का हो (यहां तक कि थोड़ा सा जले)।
- ग्रिल के ठंडे तरफ चिकन ले जाएं। चिकन के आकार और ग्रिल के तापमान के आधार पर कम से कम 20 मिनट या 40 मिनट (या उससे अधिक) के लिए ढककर पकाएं। चिकन जब पक जाता है तब उसका रस स्पष्ट रूप से चलता है।

फ्लो चार्ट/प्रवाह चित्र

मसाले को तेल में गर्म करें
↓
दही में मिलाएं, नींबू का रस, लहसुन, नमक, अदरक डालें
↓
चिकन में गहरे स्लैश काटें, मैरिनेड के साथ कोट ठंडा करें,
↓
ग्रिल तैयार करें
↓
अतिरिक्त मैरिनेड को पोछे, चिकन को ग्रिल के गर्म तरफ रखें
↓
ग्रिल के ठंडा तरफ ले जाएं, और ढककर के और पकाएं

15. मालाबार चिकन करी (Malabar Chicken Curry)

परिचय

यह केरल के मालाबार क्षेत्र की एक विशेष मिठास है। इसकी एक विशेषता यह है कि चिकन करी में नारियल दूध का उपयोग करके बनाते हैं।

रेसिपी/पाक विधि एवं सामग्री

चिकन 1 किलो (मध्यम आकार के बड़े टुकड़ों में काटें)
प्याज (बड़ा) 3 लंबे टुकड़ों में काटें
आलू 2 बड़े टुकड़ों में काट लें
टमाटर 2 छोटे टुकड़े में काटें
हल्दी पाउडर 1 चम्मच
अदरक का पेस्ट 2 चम्मच
लहसुन का पेस्ट 1 बड़ा चम्मच
1 टेबल स्पून सौंफ
काली मिर्च पाउडर 1 चम्मच
कश्मीरी मिर्च 1 चम्मच
धनिया पाउडर 2 बड़ा चम्मच
जीरा पाउडर 1 चम्मच
गरम मसाला 1 चाय चम्मच
मूंगफली का तेल 5–6 टेबल स्पून

बनाने की विधि

- एक घंटे के लिए नमक, हल्दी और लाल मिर्च पाउडर का उपयोग करके चिकन को मैरिनेट करें।
- एक पैन में 4 टेबल स्पून मूंगफली का तेल गर्म करें। इसमें सौंफ, काली मिर्च और जीरा पाउडर मिलाएं, इसमें अदरक, लहसुन का पेस्ट मिलाएं। जब अदरक–लहसुन का पेस्ट की कच्ची गंध, लगभग गायब हो जाता है तो उसमें आलू और मैरिनेट किया हुआ चिकन मिलाएं। इसे 10–15 मिनट तक पकने दें। इस समय नमक और हल्दी डालें। पकाने के बाद इसे ढक्कन के साथ कसकर बंद करें और इसे एक तरफ छोड़ दें।
- एक फ्राइंग पैन लें इसमें 1 बड़ा चम्मच मूंगफली का तेल, काजू को भूनें और एक तरफ रखें और इसमें कटे हुए प्याज के टुकड़ों को मिर्च पाउडर के साथ भूनें। जब प्याज की गंध गायब हो जाए तो इसमें कटे हुए टमाटर के टुकड़े डालें और भूनें। काजू, प्याज, टमाटर को मिक्सी में पीसकर पेस्ट बना लें।
- कद्दूकस किए हुए नारियल से भरी 2 चाय कप लें और उसमें से पहला और दूसरा दूध इकट्ठा करें।
- चिकन वाले पैन को फिर से स्टोव पर रखें और उसमें कश्मीरी मिर्च डालें और हल्की आंच पर रखें। इसमें पिसी हुई पेस्ट डालें, फिर एक कप पानी, दूसरा नारियल दूध डालें और पूरी चीज को उबलने दें। उबलने पर, अंत में नारियल का पहला दूध डालें और धीमी आंच पर अच्छी तरह मिलाएँ। कीमा बनाया हुआ पुदीना और धनिया पत्ती से गार्निश करें।

16. चिकन क्रोकेट (Chicken Croquettes)

परिचय

हालांकि क्रोकेट शब्द की उत्पत्ति फ्रांसीसी मूल की है, और अब दुनिया के कई देशों में लोकप्रिय है। चिकन क्रोकेट भी भारत में पारंपरिक हैं और लोगों के बीच अच्छी स्वीकार्यता है। वे विभिन्न आकृतियों और रूपों में कई देशों की जातीय संस्कृति के आधार पर तैयार की जाती हैं। क्रॉकेट से क्रोकर से आता है, जिसका अर्थ है क्रंच करना। क्रॉकेट वास्तव में भी, जिसका अर्थ कुरकुरा है, और एक क्रोकेट इसलिए आकर्षक है क्योंकि यह अपने बाहर से कुरकुरे और अंदर में नम और स्वादिष्ट है।

अधिकांश पारंपरिक तरीके से चिकन क्रोकेट का निर्माण बचा हुआ चिकन मांस के उपयोग से किया जाता है। बचे हुए मुर्गे के मांस को सब्जियों और मसालों के साथ मिलाया जाता है। मांस के बैटर पिण्ड को गर्म तेल में डाला जाता है और फिर सुनहरा भूरा रंग विकसित होने तक तला जाता है।

रेसिपी/पाक विधि एवं सामग्री

मक्खन – 15 मिली
आटा – 40 ग्राम
टेबल नमक – 5.0 ग्राम
दूध – 120 मि.ली
कटा हुआ चिकन – 250 ग्राम
प्याज का पेस्ट – 5.0 ग्राम
लहसुन का पेस्ट – 5.0 ग्राम
अजवायन – 10.0 ग्राम
चिकन अंडे – 2 नग
नींबू का रस – 10.0 मिली
ब्रेड क्रम्ब्स – 40 ग्राम

बनाने की विधि

फ्लो चार्ट/प्रवाह चित्र

चिकन से मांस निकालें, त्वचा और हड्डियों को छोड़ दें

↓

चिकन मांस को बारीक काट लें, लगभग 250 ग्राम लें और एक तरफ रख दें

↓

एक पैन में मक्खन पिघलाएं और प्याज और लहसुन डालें,
प्याज के गलने तक पकाएं और आटे के आधे भाग के साथ छिड़के

↓

नींबू का रस, थोड़ा पानी और अजवायन डालें, तेज के साथ चलायें, अंडे की जर्दी डालें और
लगभग 30 सेकंड पकाएं, नमक और काली मिर्च और आधा ब्रेड क्रम्ब्स डालें।

↓

सॉस के साथ कटा हुआ चिकन मांस मिलाएं, अच्छी तरह से मिश्रण करें।
पूरी तरह से ठंडा होने तक सेट करें।

↓

मिश्रण को 10 भाग में विभाजित करें और गोल करें। शेष आटे में गोल रोल करें। किसी भी वांछित आकार जैसे, पिरामिड, सिलेंडर, गोले, या फ्लैट केक में गोल आकार दें।

↓

अंडे की सफेदी को फेटे, अंडे के मिश्रण में क्रोकेट्स को रोल करें और फिर शेष ब्रेड टुकड़ों में। क्रम्ब्ल्स को चिपकने में मदद करने के लिए दबाएं। खूब चलाएं।

↓

डीप फ्राई करने के लिए तेल गरम करें। एक बार में कुरकुरे डालें और लगभग चार मिनट या सुनहरा भूरा होने तक पकाएं।

अनुमानित पोषण संबंधी तथ्य/मूल्य (एक क्रोकेट से)

कैलोरी	107 किलो कैलोरी
कुल वसा	7.6 ग्राम
संतृप्त वसा	2.3 ग्राम
ट्रांस फैट	0.2 ग्राम
कोलेस्ट्रॉल	22 मि.ग्रा
सोडियम	74 मि.ग्रा
पोटैशियम	58 मि.ग्रा
कुल कार्बोहाइड्रेट	6 ग्राम
आहार फाइबर	0.3 ग्राम
शुगर्स	1.3 ग्राम
प्रोटीन	3.6 ग्राम

17. चिकन गिजार्ड अचार (Chicken Gizzard Pickle)

परिचय

तले हुए चिकन गिजार्ड को परिवेश के तापमान पर और प्रशीतित तापमान पर संग्रहित किए थे। भौतिक–रासायनिक, सूक्ष्मजीवविज्ञानी और ऑर्गेनोलेप्टिक गुण क्रमशः 7 दिनों के भंडारण की अवधि तक और 14 दिनों में प्रशीतित तापमान पर संतोषजनक पाए गए।

4% पिसी हुई सरसों (ब्रैसिका जंकिया) वाले चिकन गिजार्ड के अचार की तुलनात्मक अध्ययन संशोधित पारंपरिक नुस्खा 2% आम पाउडर (अमचूर) का उपयोग करके तैयार अचार के साथ की गई।

पिसी सरसों के बीज की स्वीकार्यता में सुधार पाया गया। हालांकि, सभी संवेदी विशेषताओं के लिए अच्छे से बहुत अच्छे से भिन्न पारंपरिक व्यंजनों के लिए मूल्यों की तुलना की गई थी।

गिजार्ड अचार को क्रमशः गर्मियों, बरसात और सर्दियों के मौसम में क्रमशः 45 और 75 दिनों के भंडारण तक खपत के लिए सुरक्षित पाया गया, और इसकी गुणवत्ता प्रशीतित अचार के साथ तुलनीय थी।

चिकन गिजार्ड अचार और चटनी 10% सिरका और 0.5% साइट्रिक एसिड का उपयोग करके हरी करी के सामान (5%) और हरी करी के बिना (प्याज, अदरक और लहसुन का पेस्ट) तैयार किए गए थे।

हरी करी के सामान के साथ अचार और चटनी उन व्यंजनों की तुलना में जिनमें मसाले के मिश्रण को अकेले रखा जाता है, अधिक पसंद की गई।

तेल और सिरका आधारित मसालेदार, मीठे और खट्टे अचारों को नियंत्रण (आसुत जल) और उपचारित (पपैन 0.1% और सोडियम ट्रिपोलीफॉस्फेट 0.5%) नमूनों का उपयोग करके मानकीकृत किया गया था।

रेसिपी/पाक विधि एवं सामग्री

चिकन गिजार्ड – 1 किग्रा

साल्ट ब्राइन का निर्माण

टेबल नमक – 100 ग्राम

चीनी – 15 ग्राम

पानी – 1 लीटर

मसाला के लिए सूत्रीकरण

सरसों का तेल – 300 मि.ली.

सिरका – 15 मि.ली.

छौंक मसाला – 80 ग्राम

मसाला मिश्रण – 20 ग्राम

नमक – 10 ग्राम

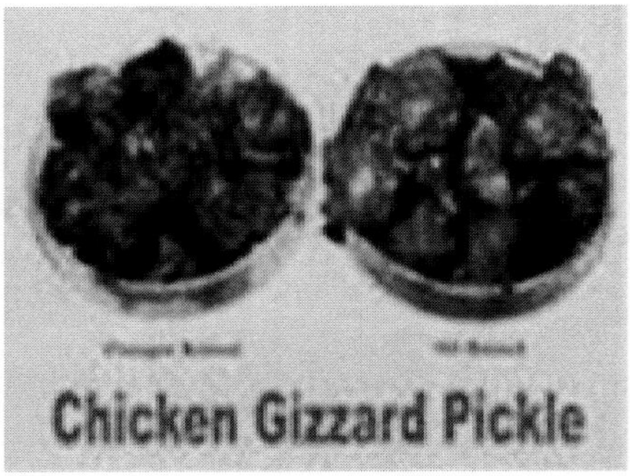

Chicken Gizzard Pickle

बनाने की विधि

फ्लो चार्ट/प्रवाह चित्र

गिजर्ड को खाली करें, आंतरिक अस्तर का छिलका, स्वच्छ,
अत्यधिक ऊतकों को ट्रिम–ऑफ करें और ठीक से धोएं

↓

छोटे छोटे टुकड़ों में काटें

↓

16 घंटे के लिए 4°C में नमक घोल में गीजार्ड के टुकड़ों को डुबोएं, इसे बाहर निकालें और दो बार साफ नल के पानी से धोएं और अंत में अतिरिक्त तरल को बाहर निकाल दें

↓

10 मिनट के लिए प्रेशर कुकर में प्री–कुकिंग करें

↓

आधे सरसों के तेल में टुकड़ों को तलें

↓

छौंक मसालों, मसाला मिश्रण और अन्य सामग्री को धीरे से भूनें और फिर पहले से तले हुए गिजार्ड टुकड़ों के साथ मिलायें

↓

आंच बंद करें, सिरका और अन्य एसिडुलेंट मिलाएं

↓

कमरे के तापमान पर ठंडा करें और पूर्व– कीटाणुरहित बना हुआ पीईटी (PET)/ग्लास जार में भरें, शेष गर्म तेल को ठंडा करें और तेल के साथ ढकने के लिए टुकड़ों पर डालें

↓

परिपक्वता के लिए कम से कम एक सप्ताह तक रखें और फिर स्वाद के लिए तैयार है।

पोषण संबंधी तथ्य (प्रति 100 ग्राम)

कैलोरी	94 किलो कैलोरी
कुल वसा	2.1 ग्राम
संतृप्त वसा	0.5 ग्राम
पॉलीअनसेचुरेटेड वसा	0.4 ग्राम
मोनोअनसैचुरेटेड वसा	0.5 ग्राम
ट्रांस वसा	0.1 ग्राम
कोलेस्ट्रॉल	240 मि.ग्रा
सोडियम	69 मि.ग्रा
पोटैशियम	237 मि.ग्रा
प्रोटीन	18 ग्राम

बटेर मांस उत्पादों की तैयारी

जापानी बटेर (*Coturni coturni japonica*) सबसे महत्वपूर्ण खेल पक्षी है, जो पहले चीन में पालतू था, अब दुनिया में प्रसिद्ध है। वाणिज्यिक ब्रॉयलर जापानी बटेरों को आर्थिक उद्देश्यों के कारण 5–6 सप्ताह के पालन के बाद काटा जाता है, क्योंकि इस समय वे अधिकतम वजन प्राप्त करते हैं। हालांकि, अच्छा प्रदर्शन पाने के लिए, उन्हें उत्पादक चरण में उच्च पोषण आहार दिया जाना चाहिए। इन पक्षियों को 70–72% ड्रेसिंग की उपज दिखाई जाती है, जबकि स्तन और जांघ के हिस्से कुल 68% ड्रेसिंग हुए वजन का प्रतिनिधित्व करते हैं। बटेर का मांस बाजार में विभिन्न प्रस्तुतियों के साथ ताजा पूरे–पूरे रूप में बेचा जाता है।

बटेर के मांस को नाजुक मांस माना जाता है। वे उच्च पोषक मूल्य और औषधीय गुणों के कारण जल्दी से चिकन ब्रॉयलर के स्थान ले रहे हैं। यह एक मीठा मांस है जिसमें बेहद कम त्वचा वसा और कम कोलेस्ट्रॉल के साथ नाजुक मांसपेशियों की संरचना होती है। अन्य खेल मांस प्रजातियों की तरह, बटेर के मांस में उच्च मात्रा में लाल मांसपेशी फाइबर होता है, जिसके लिए, यह बहुत रसदार और स्वादिष्ट होता है। बटेर के मांस में कम वसा और कम कैलोरी होती है, जो सभी उम्र के लोगों के लिए एक आदर्श भोजन बनता है। बटेर का मांस विटामिन–बी कॉम्प्लेक्स, और विटामिन–ई सहित आवश्यक अमीनोसिड्स, असंतृप्त फैटी एसिड और फॉस्फोलिपिड्स से भी समृद्ध है, जो मानव के शारीरिक और मानसिक विकास लिए महत्वपूर्ण हैं। बटेर के मांस को बच्चों, गर्भवती माताओं और जराचिकित्सा और आद्य रोगियों के आहार में शामिल किया जा सकता है। इसलिए उच्च कोलेस्ट्रॉल स्तर वाले लोगों और उन लोगों के लिए परामर्श की जाती है जो कोलेस्ट्रॉल के निम्न स्तर को बनाए रखना चाहते हैं।

सामान्य तौर पर बटेर के मांस में, लाल मांस और अन्य एवियन प्रजातियों से प्राप्त मांस से भी अधिक पर कुछ वांछनीय गुण होते हैं जो मांस में उत्कृष्ट स्वाद होता है, जैसे कि तुलनीय प्रोटीन, लेकिन वसा की मात्रा में कम, खनिज सामग्री में उच्च, नरम/टेंडर मांस आदि। पिछले कुछ दशकों में, हालांकि अनुसंधान मुख्य रूप से चिकन मांस के उत्पादन में वृद्धि पर केंद्रित किया गया था और अन्य एवियन से मांस उत्पादन, विशेष रूप से बटेर के लिए प्रजातियां को बढ़ाने के लिए थोड़ा जोर दिया गया था। हालांकि बटेर वर्तमान दिन में कुल उत्पादन का एक बहुत छोटा हिस्सा दर्शाता है। ये आने वाले वर्षों में वैश्विक प्रोटीन की मांग को पूरा करने के लिए एक बड़ी भूमिका निभा सकती हैं।

उपभोक्ता व्यवहार और जीवन शैली के हालिया रुझानों से प्रसंस्कृत मांस उत्पादों का विकास होता है। इसके अलावा, तेजी से शहरीकरण के कारण लोग शहर की ओर बढ़ रहे हैं और जोड़े कमाई के लिए जुटे हुए हैं, उनके पास शायद ही खाद्य पदार्थों की तैयारी के लिए समय हो। इसके कारण रेडी–टू–ईट स्वस्थ भोजन की मांग में तेजी से वृद्धि होती है, जो लेने और उपभोग करने में आसान है। इस पक्षी के छोटे आकार के कारण वे विभिन्न प्रकार के पारंपरिक उत्पादों जैसे बटेर तंदूर/भुना हुआ बटेर, बटेर के मांस का अचार, आदि पकवानों में उपयोग करने के लिए अनुकूल हैं।

18. बटेर तंदूर (Tandoor Quail)

परिचय

बटेर तंदूर/भुना हुआ बटेर तैयार करने में, काटा बटेर को अच्छी तरह से साफ किया जाता है और नमक और नींबू के साथ लेपन किया जाता है। फिर इन्हें लगभग 30 मिनट के लिए ऐसी स्थिति में रखा जाता है जिससे कि अतिरिक्त तरल बाहर निकाल आये। फिर इनको 1 घंटे के लिए नमक, मसाले, छौंक मसालों, सिरका युक्त मैरिनेट के साथ पकाया जाता है और फिर पहले से गर्म तंदूर ओवन या 140–150 डिग्री सेल्सियस पर ग्रिलिंग ओवन में पूरी तरह पकने तक पकाया जाता है। अगर बटेर पकाने के दौरान सूखता है, तो मैरिनेट का आंतरायिक अनुप्रयोग का उपयोग किया जाता है। उचित पूरी तरह पकने के लिए उत्पाद बटेर तंदूर का आंतरिक तापमान कम से कम 75 डिग्री सेल्सियस तक पहुंचना चाहिए।

रेसिपी/पाक विधि एवं सामग्री

शुष्क अनुप्रयोग के लिए

ड्रेस्ड बटेर – 1.0 किग्रा

टेबल नमक – 10 ग्राम

साइट्रिक एसिड – 1.5 ग्राम

सोडियम एस्कॉर्बेट – 200 मिलीग्राम

काली मिर्च – 5.0 ग्राम

सफेद मिर्च – 0.75 ग्राम

मैरिनेड के लिए

टमाटर की चटनी – 50 ग्राम

दही – 75 ग्राम

टेबल नमक – 10 ग्राम

सरसों का तेल – 50 ग्राम

गर्म मसाला – 5 ग्राम

छौंक मसाला – 50 ग्राम

अदरक का पेस्ट – 15 ग्राम

फ्लो चार्ट/प्रवाह चित्र

त्वचा निकालें, अलग पट्टियाँ और अत्यधिक अतिरिक्त संयोजी ऊतकों को ट्रिम करें

↓

ठीक से धोएं और अतिरिक्त पानी को बहा दें

↓

सूखी सामग्री का उपयोग कर लेपन करें और 30 मिनट के लिए 25°C पर रखें

↓

27±2°C पर 2 घंटे के लिए मैरिनेट करें

↓

बटेर शवों को एक एसएस ट्रे में रखें

↓

35 मिनट या पूरी तरह पकने तक इलेक्ट्रिक ग्रिल/तंदूर में ग्रिल/भुने,
हर 10 मिनट में दिशाएं बदलें

↓

कमरे के तापमान पर ठंडा करें

↓

संवेदी मूल्यांकन के लिए तैयार है, या भंडारण के लिए एलडीपीई (LDPE) में पैक करें

↓

गर्म – गर्म परोसें

19. बटेर मांस का अचार (Quail Meat Pickle)

परिचय

बटेर के मांस उपयोग करके, सिरका और तेल आधारित स्वदेशी शैली के मांस का अचार तैयार करने के लिए, सरसों के तेल, नमक, मिक्स मसालों, सिरका और

0.26% सोडियम बेंजोएट का उपयोग किया गया है। इस विधि में मांस को पकाने के बाद हल्का फ्राई किया जाता है, जिससे पीएच को संतुलित किया जाता है, सीजनिंग को डाला जाता है। यदि अचार को तेल की एक परत के नीचे डुबोकर रखा जाता है तो उत्पादों को सुरक्षित रूप से 3 महीने तक ग्रहण किया जा सकता है और भंडारण के दौरान परिवेश के तापमान पर बनाए रखा जाता है।

रेसिपी/पाक विधि एवं सामग्री

सिरका आधारित

सिरका – 500 मिली
पानी – 500 मिली
टेबल नमक – 80 ग्राम
मसाला मिश्रण – 20 ग्राम
लहसुन और अदरक – 30 ग्राम

तेल आधारित

रिफाइंड सरसों का तेल – 100 मिली
सिरका – 15 मिली
टेबल नमक – 20 ग्राम
मसाला मिश्रण – 20 ग्राम
लहसुन और अदरक – 40 ग्राम

बनाने की विधि

फ्लो चार्ट/प्रवाह चित्र
सिरका आधारित अचार

रेडी–टू–कुक बटेर
↓
10 मिनट तक प्रेशर कुकिंग करें
↓
अचार का घोल तैयार करें
↓
पके हुए मांस में आचार का घोल डालें
↓
60 दिनों के लिए भंडारण

तेल आधारित अचार

रेडी–टू–कुक बटेर

↓

सरसों के तेल में नमक, छौंक मसाला और मसाले को भूनें

↓

पके हुए मांस में आचार का घोल डालें

↓

उबालें

↓

कमरे के तापमान पर ठंडा करें

↓

कंटेनर में भरें

↓

कमरे के तापमान पर 150 दिनों के लिए भंडारण करें

अचार का पोषण संबंधी तथ्य (प्रति 100 ग्राम)

कैलोरी	135 किलो कैलोरी
कुल वसा	16 ग्राम
संतृप्त वसा	4.5 ग्राम
पॉलीअनसेचुरेटेड वसा	3.5 ग्राम
मोनोअनसैचुरेटेड वसा	4.8 ग्राम
कोलेस्ट्रॉल	86 मिलीग्राम
सोडियम	52 मिलीग्राम
पोटैशियम	216 मिलीग्राम
प्रोटीन	25 ग्राम

इसके अलावा इसमें विटामिन–ए, कैल्शियम, विटामिन–डी, कोबालामिन, आयरन, विटामिन बी–6 और मैग्नीशियम की पर्याप्त मात्रा होती है।

❒❒❒

अध्याय 5

अन्य विविध मांस आधारित व्यंजन

1. चिकन बिरयानी (Chicken Biryani)

परिचय

भारत अपनी मांस आधारित व्यंजन थाली पर बहुत सारे पकवान प्रदान करता है, लेकिन एक पकवान जिसे सभी भारतीय बहुत पसंद और प्यार करते हैं जो मुँह में पानी ला देता है वह है चिकन बिरयानी। बिरयानी में जायके, मसालों और सुगंधों के स्वादिष्ट जटिल मिश्रण ने बिरयानी को भारतीय व्यंजनों का प्रतीक बनाया है। बिरयानी फारसी शब्द 'बिरियानी' से लिया गया है और जिसका मतलब है पकाने से पहले तला हुआ और बिरंज चावल के लिए फारसी शब्द है। बिरयानी अपने आप में एक संपूर्ण भोजन है, सभी अवसरों के लिए उपयुक्त है, विशेष रूप से रविवार दोपहर के भोजन या भव्य, शानदार रात के खाने के लिए। यह पूरे भारतीय उपमहाद्वीप में बहुत लोकप्रिय है। भारत के प्रत्येक भाग में बिरयानी पकाने के लिए अपना नुस्खा और शैली है। इसके अलावा, भारतीयों को विभिन्न प्रकार के साइड डिश जैसे रायता, चिकन करी, चिकन ग्रेवी आदि के साथ बिरयानी चखने का बड़ा शौक है, इसलिए, भारतीयों के लिए, बिरयानी केवल एक भोजन नहीं है, यह एक भावना है।

भारत में विभिन्न प्रकार की चिकन बिरयानी

1. मुगलई बिरयानी (Mughlai biryani)

मुगल बादशाहों का मानना था कि खाना बनाना एक कला है और अधिक नए व्यंजन बनाने में उनकी रुचि थी। उनके महत्वपूर्ण पकवानों में से एक मुगल बिरियानी है। पूरी तरह से मसालेदार मांस के रसीले क्यूब्स, केवड़ा सुगंधित लिप्त चावल, एक अनूठी खुशबू है जो कि तुरन्त एक भूख बना देती है। इस बिरयानी में निश्चित रूप से खुशबू आती है और शाही स्वाद होता है।

2. हैदराबादी बिरयानी (Hyderabadi biryani)

विश्व प्रसिद्ध हैदराबादी बिरयानी सम्राट औरंगजेब द्वारा हैदराबाद के नए शासक के रूप में निजा–उल–मुल्क को नियुक्त किए जाने के बाद अस्तित्व में आई। जबकि अन्य सभी बिरयानी में उनके स्वाद वाले मांस का प्रभुत्व है, हैदराबादी बिरियानी में, सुगंधित केसर स्वाद वाले चावल पकवान का सितारा हैं।

4. कलकत्ता बिरयानी (Calcutta biryani)

कलकत्ता शहर में नवाब वाजिद अली शाह ने पाया कि मांस की जगह पूरी तरह से पके हुए सुनहरे भूरे आलू के साथ– कलकत्ता बिरयानी की प्रमुख पहचान है। यह मुख्य रूप से मांस के लिए एक दही आधारित अचार है, जो पीले चावल से अलग पकाया जाता है, जो की इसमें छुपी मधुरता का परिचायक है।

5. डिंडीगुल बिरयानी (Dindigul biryani)

इस बिरियानी को बनाने में इस्तेमाल किया जाने वाला जीरा सांबा चावल और जो इसे एक अलग विशेष स्वाद देता है। इस बिरयानी में मांस के टुकड़ों के छोटे क्यूब्स का उपयोग है। दही और नींबू का उपयोग इसको तीव्र स्वाद देते हैं।

6. लखनऊ बिरयानी (Lucknow biryani)

शाही अवधी शैली में पकाये जाने वाली, लखनवी बिरयानी की बनावट नरम और हल्की मसालेदार होती है। पहले चरण में मांस से एक यकनी स्टॉक बनाना शामिल है जो दो या अधिक घंटों के लिए मसालों को जल के साथ में धीमी गति से उबला जाता है। यही कारण है कि यह एक नम, निविदा और नाजुक स्वाद वाला पकवान है।

7. अर्कोट बिरयानी (Arcot biryani)

अर्कोट के नवाबों द्वारा प्रस्तुत इस प्रकार की बिरयानी की उत्पत्ति तमिलनाडु के वेल्लोर जिले के अंबुर और वानीयंबादी शहरों में हुई थी। यह दलचा (खट्टा बैंगन की सब्जी) के साथ प्रयोग में है। चावल के रूप में स्क्वाट जीरगा सांबा का उपयोग किया जाता है जो कि तमिलनाडु में एक पारंपरिक किस्म है।

8. थलासेरी बिरयानी

यह बिरयानी मीठी और नमकीन दोनों तरह की होती है। इसकी मुख्य सामग्री में नरम चिकन पंख मांस, हल्के मालाबार मसाले और चावल के प्रकार हैं जिन्हें 'काइमा' के रूप में जाना जाता है। आमतौर पर काजू, सुल्ताना किशमिश, सौंफ के बीज के साथ बहुत सारे डाले जाते हैं। इसमें चावल को अलग से पकाया जाता है और परोसने के समय ग्रेवी के साथ मिलाया जाता है।

9. कमरुपी बिरयानी (Kamrupi biryani)

कमरुपी बिरयानी, असम में कामरूप में उत्पन्न हुआ। चिकन को सबसे पहले मटर, गाजर, आलू, बीन्स, येलो बेल पेपर के साथ पकाया जाता है। इसके बाद चावल के साथ मिलाने से पहले इलायची और जायफल के साथ हल्का मसालेदार किया जाता है।

10. भटकली बिरयानी (Bhatkali biryani)

भटकली बिरयानी, कर्नाटक के एक तटीय शहर भटकल की विशेषता है। इसमें मांस को प्याज और हरी मिर्च में मसाला के आधार पर पकाया जाता है और सुगंधित चावल के साथ परत स्तरित किया जाता है।

11. बॉम्बे बिरयानी (Bombay biryani)

इसे सुगंध के साथ पिघलने वाले बर्तन के साथ बॉम्बे में बनाया गया है, जो मसालेदार, हार्दिक और उत्साह महसूस करता है। यह चिकन, सब्जियों के साथ बनाया जाता है, इसमें हमेशा मसाले वाले आलू भी होते हैं। साथ में सूखे आलूबुखारे और केवड़ा पानी जो इसमें मिठास भी जोड़ता है।

रेसिपी/पाक विधि एवं सामग्री

मुगलई बिरयानी भारतीय रेसिपी

चिकन को 2 इंच के टुकड़ों में काटें
(चिकन स्तन या जांघ के टुकड़े पसंद किए जाते हैं)
4 बड़े प्याज कटा हुआ
2 बड़े चम्मच लहसुन का पेस्ट
आधा कप बादाम
6 चम्मच घी

दालचीनी की 1 इंच छड़ी
5 लौंग
3 फली इलायची
8 काली मिर्च कॉर्न
2 चम्मच गरम मसाला
1 कप दही
1 नींबू का रस
1 कप चिकन
2 बड़ा चम्मच धनिया पत्ती और पुदीना पत्ती
2 कप बासमती चावल
1 कप गर्म पानी
नमक स्वादानुसार
वैकल्पिक आइटमः नारंगी खाद्य रंग की 3 बूंदें
हरे खाद्य रंग की 3 बूंदें

बनाने की विधि

- बादाम को एक कटोरी गर्म पानी में डालें और 10 मिनट के लिए अलग रख दें और 10 मिनट बाद बादाम की खाल निकाल दें।
- लहसुन और अदरक के पेस्ट, छिलके वाले बादाम को मिलाएं और मिश्रण को एक चिकनी पेस्ट में मिलाएं।
- चावल को धो लें और चावल को पूरी तरह से ढकने के लिए पर्याप्त पानी डालें।
- स्वादानुसार नमक डालें।
- लगभग उबाल आने तक चावल को उबालें, चावल को छान लें और एक तरफ रख दें।
- एक अन्य पैन में 3 बड़ा चम्मच तेल गरम करें और साबुत मसाले, दालचीनी, इलायची, लौंग और काली मिर्च डालें। मिश्रण को तब तक भूनें जब तक मसाला थोड़ा गहरा न हो जाए।
- दो बचे हुए प्याज डालें और उन्हें तब तक भूनें जब तक कि वे पारभासी न हो जाएं। अदरक–लहसुन–बादाम का पेस्ट डालें और 2 या 3 मिनट के लिए भूनें।

- सभी मसाले पाउडर–धनिया, जीरा और गरम मसाला डालें और अच्छी तरह मिलाएँ।
- मिश्रण को तब तक भूनें जब तक कि मसाला से तेल अलग न होने लगे और फिर चिकन डालें। तब तक भूनते रहें जब तक कि मांस अपारदर्शी न हो जाए और अपना गुलाबी रंग न खो दे। स्वाद के लिए दही, नींबू का रस, स्टॉक, धनिया और पुदीने की पत्तियाँ और नमक डालकर अच्छी तरह मिलाएँ।
- बर्तन को कवर करें और मांस को नरम/टेंडर होने तक पकवान को पकाने दें।
- यदि खाद्य रंग का उपयोग किया जाता है, तो चावल को 3 हिस्सों में विभाजित करें। एक भाग में नारंगी रंग, दूसरे भाग में हरा रंग और तीसरे भाग को सफेद डाले दें।
- प्रत्येक भाग के साथ, चावल को तब तक मिलाएं जब तक कि सभी दाने अच्छे से रंग न जाएं। चावल को 10 मिनट के लिए अलग रखें, और फिर एक कटोरे में तीन भागों को मिलाएं।
- एक गहरी बेकिंग डिश को चिकना करें और पके हुए चावल और मांस को समान रूप से परत के कम से कम दो सेट बनाने के लिए परत करें: चावल–मांस–चावल–मांस–चावल और पहले के कारमेल किए हुए प्याज के साथ गार्निश करें।
- पकवान को कसकर ढक्के या एल्यूमीनियम पन्नी की दोनों शीट्स के चमकदार पक्ष उपयोग चावल की ओर करते हुए के साथ ढकें।
- पकवान को 250°C पर पहले से गरम ओवन में रखें और 20 मिनट के लिए बेक करें। ओवन को बंद करें और जब हम परोसने के लिए तैयार हों, ढक्कन/पन्नी को हटा दें ।

अनुमानित पोषण मूल्य

अवयव	प्रति परोस (100 ग्राम)
कैलोरी	756 कैलोरी
कुल वसा	29 ग्राम
संतृप्त वसा	7 ग्राम
असंतृप्त वसा	13 ग्राम

कोलेस्ट्रॉल	132 मिलीग्राम
सोडियम	329 मिलीग्राम
कार्बोहाइड्रेट	71 ग्राम
आहार फाइबर	6 ग्राम
प्रोटीन	52 ग्राम

2. चिकन खिचड़ी (Chicken Khichuri)

परिचय

चिकन खिचड़ी बंगाली स्टाइल चावल और चिकन आधारित मुख्य भोजन है। यह मसालों के साथ चावल, हरे चने, दाल और चिकन से बनी एक पकवान है। यह नुस्खा वर्तमान के बांग्लादेश में उदय हुआ है। यह विशेष है क्योंकि इसे मांस के साथ पकाया गया है, इसके सभी स्वाद और सुगंध को अवशोषित करके चावल और दालों को इसमें मिलाया गया है। यह खिचड़ी अपने आप में एक भोजन है और इसके साथ जाने के लिए किसी भी अतिरिक्त पकवान या फ्राई की जरूरत नहीं है। तली हुई प्याज का उपयोग खिचड़ी को एक विशेष स्वाद देता है।

रेसिपी/पाक विधि एवं सामग्री

बासमती चावल 500 ग्राम
दाल 1/2 कप
हरा चना 1/2 कप
2 बड़ा चम्मच कटा हुआ प्याज
अदरक का पेस्ट 1 बड़ा चम्मच
लहसुन का पेस्ट 1 बड़ा चम्मच
हल्दी पाउडर 1/2 चम्मच
हरी मिर्च 4 से 5
साबुत जीरा 1/2 छोटा चम्मच
दालचीनी 2 टुकड़े
इलायची 4 नं
तेज पत्ता 2 छोटे
स्वादानुसार नमक
गाजर 1/2 कप कटा हुआ
तेल 2 बड़ा चम्मच

चिकन सामग्री

चिकन 1 किलो
अदरक का पेस्ट 2 चम्मच
लहसुन का पेस्ट 1 चम्मच
प्याज का पेस्ट 2 चम्मच
जीरा पेस्ट 1 चम्मच
धनिया पाउडर 1/2 चम्मच
गरम मसाला पाउडर 1 चम्मच
पीसी हल्दी 1/2 चम्मच
लाल मिर्च पाउडर 1 चम्मच
तेल 4 बड़ा चम्मच
स्वादानुसार नमक
अन्य अवयव
घी 2 बड़ा चम्मच
प्याज (सुनहरा तला हुआ) 1/4 कप
हरी मटर 1/4 कप

बनाने की विधि

चिकन तैयार करना

- तेल के अलावा चिकन के लिए ऊपर बताई गई सभी सामग्रियों को मिलाएं और 15 मिनट के लिए मैरिनेट करें। बाद के चरण में उपयोग के लिए चिकन से मैरिनेटिंग जूस को अलग से इकट्ठा करें। एक पैन में 2 टेबल स्पून तेल गरम करें और मैरीनेट किया हुआ चिकन रखें।
- सुनहरा भूरा होने तक चिकन के टुकड़े भूनें
- फिर बचे हुए 2 बड़े चम्मच तेल को गर्म करें, मैरिनेटिंग जूस डालें और पानी को सूखने तक हिलाएं।
- अब तले हुए चिकन के टुकड़े और ½ कप पानी डालें।
- इसे ढककर मध्यम आंच पर पकाएं।
- एक बार पक जाए, आंच से उतारकर एक तरफ रख दें।

खिचड़ी तैयार करना

- तेल गरम करें और एक गहरे तले वाले पैन में प्याज, तेज पत्ता, साबुत जीरा, साबुत गरम मसाला डालें।
- भूरा होने तक भूनें।
- अब चावल और दाल डालकर हल्का सा भूनें।
- अब खिचड़ी के लिए अन्य सभी सामग्री मिलाएं।
- 5–6 कप गर्म पानी डालें और सामग्री को ठीक से मिलाने के लिए हिलाएं।
- हरी मिर्च, कटा हुआ गाजर और नमक डालें, कुछ बार हिलाएं।
- एक बार जब पानी सूख जाता है, तो तवा को पैन के नीचे रखें और आंच को कम करें।
- ग्रेवी के साथ पका हुआ चिकन डालें।
- तले हुए प्याज और हरी मटर को छिड़कें।
- खाना पकाने वाले पैन पर एक कवर के साथ 20–25 मिनट के लिए बहुत कम आंच पर रखें।
- आंच से उतारे, और घी डालें और परोसने तक ढक कर रखें।
- उबले अंडे, और सलाद के साथ गरम परोसें।

संवेदी गुणवत्ता

सुगंधः सुगंधित
रंगः नारंगी–पीला
स्वादः मसालेदार

भंडारण और शेल्फ–लाइफ

कमरे के तापमान में छह घंटे

3. चिकन मुरुक्कू (Chicken Murukku)

परिचय

मुरुक्कू एक कुरकुरा स्नैक है जिसकी उत्पत्ति दक्षिणी भारत में तमिलनाडु राज्य में हुई थी। मुरुक्कू पूरे भारत और श्रीलंका में लोकप्रिय है, और अन्य देशों

में भी जहां तमिल/केरलीट डायस्पोरा मौजूद हैं, जिनमें सिंगापुर और मलेशिया शामिल हैं। मुरुक्कू आमतौर पर चावल के आटे और काले बेसन से बनाया जाता है। आटे में पानी, नमक, हींग और तिल या जीरा मिलाया जाता है। मिश्रण को एक आटे में गूंथा जाता है, जिसे सर्पिल या कुंडल के आकार में हाथ से या साँचे के आकार में बनाया जाता है। सर्पिल तब वनस्पति तेल में गहरे तले हुए होते हैं। इस स्नैक में कई प्रकार होते हैं, जो आटे के प्रकार और अनुपात के परिणामस्वरूप होते हैं। चिकन मुरुक्कू बहुत क्रिस्पी और लुभावना होता है और जिसे घर पर तैयार करना बहुत आसान होता है।

रेसिपी/पाक विधि एवं सामग्री

बोनलेस चिकन – 1/2 कप
चावल का आटा – 1 कप
अज्वैन – 1/2 चम्मच
बेसन – 1 चम्मच
मिर्च पाउडर – 1 छोटा चम्मच
नमक स्वादानुसार
पानी आवश्यकतानुसार
डीप फ्राई करने के लिए तेल

बनाने की विधि

पूर्व तैयारी

चिकन को छोटे टुकड़ों में धो लें और काट लें। चिकन को तब तक उबालें जब तक कि एक कटोरी में नरम और मैश न हो, फिर इसमें अज्वैन, मिर्च पाउडर, नमक डालें और हाथों से अच्छी तरह मिलाएँ। चावल का आटा, बेसन डालें और इसे अच्छी तरह से मिलाएं। अब, पानी के साथ 2 चम्मच गर्म तेल डालें और एक नरम आटा बनने तक इसे अच्छी तरह से गूंथ लें।

फ्राइंग विधि

- अब मुरुक्कू प्रेसर को थोड़ा तेल लगाकर चिकना कर लीजिये।
- डीप फ्राई करने के लिए तेल गरम करें और धीरे–धीरे मुरकूक बनाने के लिए हाथों से गोले बनाकर आटे को तेल में दबाएं।

- सुनहरा भूरा होने तक इसे भूनें और अतिरिक्त तेल सोख कर निकालने के लिए उन्हें एक कागज तौलिया में स्थानांतरित करें।
- आटा खत्म होने तक इस प्रक्रिया को जारी रखें।
- गरमागरम और कुरकुरे चिकन स्नैक परोसें।

4. चिकन हलीम

परिचय

हलीम की उत्पत्ति मांस के साथ एक अरबी व्यंजन के रूप में हुई और मुख्य सामग्री के रूप में कटा हुआ गेहूँ है। इसकी संभावित उत्पत्ति मध्य पूर्व या मध्य एशिया है और मध्य पूर्व में इसे 'हरीश' के नाम से जाना जाता है। भारत में इस पकवान को हलीम कहा जाता है और उसी मूल रेसिपी की एक शाखा को खिचड़ा भी कहा जाता है। ये सभी 1ः 2 अनुपात में गेहूं और मांस के मूल घटक का पालन करते हैं। माना जाता है कि हलीम की मूल रेसिपी पुराने अरबी पकवान हरेसा के साथ एक भारतीय प्रयोग था।

हलीम मांस (अधिमानतः बीफ मांस या मटन), अनाज (गेहूं, जौ और चावल), दाल और घी से बना है। भारतीय हलीम बहुत मसालेदार है। हैदराबादी हलीम को जीआई टैग मिल गया है। इसमें जीरा, दालें, दालचीनी, केसर, पिस्ता, काजू, बादाम, दूध, इलायची, लौंग और अन्य ड्राई फ्रूट्स मिलाया जाता हैं। यह तले हुए प्याज, धनिया और नींबू के साथ तैयार किया जाता है।

चिकन हलीम के लिए सामग्री

बोनलेस चिकन 450 ग्राम (1/2 इंच क्यूब्स)
टूटा हुआ गेहूं 3 बड़े चम्मच
हरी इलायची 2–3
लौंग 5–6
दालचीनी 1 इंच की छड़ी
तेज पत्ता 2

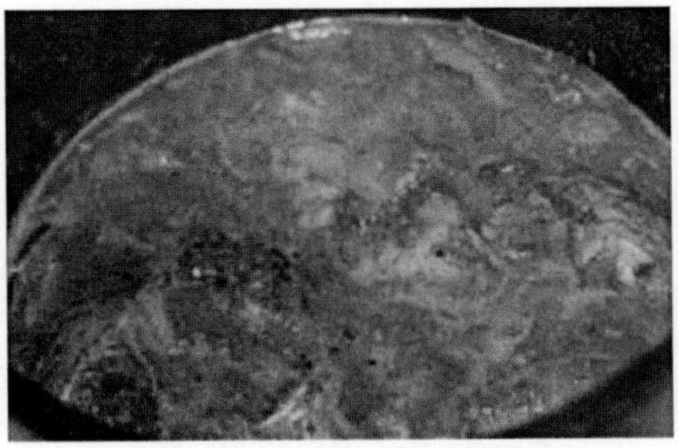

जीरा 1 चम्मच
प्याज 3 मध्यम कटा हुआ
अदरक का पेस्ट 1 बड़ा चम्मच
लहसुन का पेस्ट 1 बड़ा चम्मच
भिगोएँ हरे चने 2 बड़े चम्मच
टूटे हुए भिगोया बंगाल चना 2 बड़े चम्मच
टूटे हुए भिगोया गेहूं 3 बड़े चम्मच
हल्दी पाउडर 1/2 चम्मच
लाल मिर्च पाउडर 1 चम्मच
नमक स्वादानुसार
गरम मसाला पाउडर 1/2 चम्मच
ताजा कटा हुआ धनिया पत्ती 2–3 चम्मच

बनाने की विधि

फ्लो चार्ट/प्रवाह चित्र

एक गहरे पैन में घी गरम करें, हरी इलायची, लौंग, दालचीनी, तेज पत्ता, जीरा और प्याज डालें और हल्के भूरे होने तक भूनें

↓

अदरक–लहसुन का पेस्ट डालें और उसे तलना जारी रखें बंगाल चना, हरा चना और टूटे हुए गेहूं डालें और हिलाएं

↓

हल्दी पाउडर और लाल मिर्च पाउडर डालें और मिलाएँ

↓

आधा कप पानी डालें और 2–3 मिनट के लिए पकाये, चिकन क्यूब्स, नमक डालें और मिलाएँ। चार कप पानी डालें और उबालें

↓

गरम मसाला पाउडर, धनिया पत्ती और पुदीने की पत्तियाँ डालें

↓

हिलाएं और ढकें, मध्यम आंच पर पकायें, तेज पत्तियों को हटा दें

↓

इसे हल्के से हैंड ब्लेंडर का इस्तेमाल करके मिलाये और गर्मागर्म परोसें

1. चिकन को हल्दी, अदरक–लहसुन पेस्ट, नमक और मिर्च पाउडर को रेफ्रिजरेटर में रात भर मिलाएं।

2. एक पैन लें और 1 बड़ा चम्मच घी गरम करें और मसाले डालें और खुशबू आने तक भूनें। एहतियात बरतें कि जला न जाए।
3. गुलाब की पंखुड़ियों के साथ एक पाउडर के लिए सामग्री को पीसें।
4. सभी भीगे हुए अनाज को बारीक पीस लें।
5. धीमी कुकर में 1 बड़ा चम्मच घी डालें और इसमें आधा मसाला पाउडर, नमक और बेसन के दाने डालें और धीमी आंच पर 2 घंटे तक पकाएं।
6. इस बीच एक प्रेशर कुकर में 1 बड़ा चम्मच घी डालकर मिलाएं। प्याज और हरी मिर्च डालकर और 3–4 मिनट के लिए पकाएं। अदरक–लहसुन का पेस्ट डालें और मध्यम आँच पर 1 मिनट के लिए भूनें।

7. चिकन और आधा मसाला पाउडर डालें और 4–5 मिनट के लिए भूनें और 1 कप पानी डालें और 15 मिनट तक प्रेशर कुक करें।
8. अनाज के पकने के बाद, एक बड़े सॉस पैन में पका हुआ चिकन और पका हुआ अनाज लें और मध्यम आंच पर आधे घंटे के लिए उबालें, बीच–बीच में हिलाते और पकाते रहें। मैशिंग करते समय हड्डियों को हटा दें।
9. नमक समायोजित करें और अधिक मसाला वांछित होने पर लाल मिर्च पाउडर डालें। हलीम को तले हुए प्याज और एक नरम उबले अंडे के आधे हिस्से के साथ परोसें और ऊपर से नींबू का जूस निचोड़ें। पारंपरिक हैदराबादी हलीम बहुत अधिक घी का उपयोग किया जाता है।

5. चिकन रोल (काठी रोल) Chicken Roll (Kathi Roll)

परिचय

परंपरागत रूप से, काठी रोल एक काठी कबाब है जिसे एक स्तरित लिपटे पराठा में लपेटा जाता है। पराठे को परिष्कृत गेहूं के आटे (मैदे) से तैयार किया जाता है, जिसे रस्सी में पिरोया जाता है, फिर एक गोल आटे में लपेटा जाता है। फिर इसे एक रोलिंग पिन के साथ चपटा किया जाता है और तवा (ग्रिल्ड) पर तेल

में आंशिक रूप से तला जाता है। इन अर्ध–पकाए हुए पराठों को फिर एक तरफ रख दिया जाता है। यदि एक अंडा डाला जाता है, तो इसे आमतौर पर तवा में फोड़ा जाता है और पराठे को अंडे के ऊपर रखा जाता है वे दोनों एक साथ पकते हैं और पराठा एक तरफ अंडे के साथ लेपित हो जाता है।

काठी कबाब, चिकन या मटन जो मसाले में मसालेदार होते हैं और एक सिगरी में कोयल के ऊपर कबाब की सीख ("काठी") पर पकाया जाता है। जब रोल तैयार किया जाता है, तो पराठे के केंद्र पर एक पतली पट्टी के रूप में रखे जाने से पहले, तवा पर प्याज, मिर्च और सॉस के साथ काटे, भूने हुए उतार लिए जाते हैं। इस स्तर पर विभिन्न प्रकार के सॉस, सिरका का एक पानी का छींटा, नीबू का निचोड़, कभी–कभी मसाले (चाट मसाला) और गाजर डाला जाता है। पूरी बात को कागज में उतारा जाता है।

रेसिपी/पाक विधि एवं सामग्री

परिष्कृत आटा (मैदा) – 400 ग्राम
बोनलेस चिकन – 250 ग्राम
अदरक – 1/2 इंच का टुकड़ा
लहसुन – 3 लौंग
हरी मिर्च कटी हुई – 4
नमक स्वादानुसार
जीरा पाउडर – 1 चम्मच
चाट मसाला – 1/2 चम्मच
प्याज कटा हुआ – 2 मध्यम
गाजर मोटी स्ट्रिप्स में कटा हुआ– 1 मध्यम
तेल – 2 बड़े चम्मच
हरी चटनी – 4 बड़े चम्मच
कटी हुई ताजा धनिया पत्तियां आवश्यकतानुसार

बनाने की विधि

चरण 1: अदरक, लहसुन और दो हरी मिर्च को एक पेस्ट में मिलाकर पीस लें। एक घंटे के लिए अदरक–लहसुन–हरी मिर्च पेस्ट और नमक में चिकन क्यूब्स को मैरिनेट करें।

चरण 2: एक पैन में तेल गरम करें और चिकन क्यूब्स को तब तक सेंकें, जब उसमें जीरा पाउडर, चाट मसाला और मसाला डालें। कटा हुआ प्याज और गाजर स्ट्रिप्स मिलाएं।

चरण 3: काठी रोल बनाने के लिए, एक तवे पर एक चम्मच तेल डालें और रोटियों को हल्का गर्म करें। प्रत्येक रोटी को एक बड़े चम्मच चटनी के साथ चिकना करें, पके हुए चिकन के छह से आठ टुकड़े रखें और शेष हरी मिर्च और धनिया पत्ती के साथ छिड़के। रोटी पर एक चम्मच प्याज और गाजर का मिश्रण फैलाएं और नमक छिड़कें।

चरण 4: रोटी को स्टफिंग के ऊपर कसकर रोल करें और परोसें।

पोषण तथ्य (प्रति परोस)

कैलोरी	1078 किलो कैलोरी
कार्बोहाइड्रेट	110 ग्राम
प्रोटीन	8 ग्राम
वसा	34 ग्राम
फाइबर	1.2 ग्राम

6. पोंगसन (Pongsen)

परिचय

'पोंगसन' का अर्थ है प्रकाश से युक्त जलाऊ चमकती हुई लकड़ी के ऊपर, कटे हुए बाँस की शाफ्ट/डंठल में पकाई गई मछली। यह एक विशेष व्यंजन है जो नागालैंड के गांवों में उत्पन्न हुआ है, पोंगसन समुदाय द्वारा प्रचलित एक उत्सव भोजन है। खाना पकाने की यह विधि घर के बाहर उत्पन्न हुई जब मछुआरे नदी पर जाते थे और मछली पकड़ते थे और फिर वे बांस में मछली पकाते थे क्योंकि

वे बर्तन नहीं ले जा सकते थे और चारों ओर जा सकते थे। यह पारंपरिक मिठास पकवान रेस्तरां और बाजार में नहीं पाई जाती है। यह केवल उत्सव के दौरान होता है जब यह पकवान बनाया जाता है।

रेसिपी/पाक विधि एवं सामग्री

1 किलो मांस या 1 किलो मछली
1 चम्मच किण्वित बाँस की गोली
1 ग्राम कीमा बनाया हुआ अदरक
1 ग्राम कीमा बनाया हुआ फर्न
1 चम्मच राजा मिर्चा मिर्च पाउडर या 5 ताजा 'राजा मिर्चे'
1 चम्मच लहसुन का पेस्ट
2 चम्मच नमक
1 खोखला बांस, 3'' व्यास और 5'' लंबा

बांस की विशिष्टता

पॉन्गसेन सिर्फ किसी भी बांस में पकाया नहीं जा सकता। वहाँ विशेष प्रकार के बाँस होते हैं जिनका उपयोग पोंगसन बनाने के लिए किया जा सकता है।

बांस को विशेषतः एक वर्ष का होना चाहिए और नदी के किनारे पाए जाने वाले युवा बांस । बांस का आकार 3'' व्यास और 5'' लंबा होना चाहिए जो कि खोखला हो और जिसमें भोजन पकाने के लिए मिश्रण को भरने के लिए पर्याप्त जगह हो।

बनाने की विधि

1. बांस का चयन करें और काटें।
2. मांस या मछली को अच्छी तरह से धोएं और सुखाएं।
3. सभी सामग्री–किण्वित बांस शूट, राजा मिर्च, नमक, कीमा बनाया हुआ फर्न और अदरक को मिलाएं।
4. उन्हें बाँस में बाँध दें।
5. 'कृनाई' के साथ बांस के खुलने को सावधानीपूर्वक बंद करें जो कि एक जंगली पत्ती की विविधता है।
6. आग पर बाँस को पकाने के लिए रखें।

7. कभी—कभी खाना पकाने के लिए भी बांस को घुमाएं।
8. भोजन के पकने का पता तब चलता है जब बाँस का रस निकलना बंद हो जाता है और बाँस बाहर से जलने लगता है (सीधी लौ में न रखें) ।
9. इसमें लगभग 24 घंटे लगेंगे।
10. पूरी प्रक्रिया में कोई पानी नहीं डाला जाता है।
11. एक प्लेट पर सामग्री को डालें और ठंडा करें।

भंडारण और शेल्फ—लाइफ/जीवन—काल

- एक सप्ताह जब कमरे के तापमान पर बांस में रखा जाता है।
- प्रशीतन की कोई आवश्यकता नहीं।

संवेदी गुणवत्ता

- पका हुआ मांस बहुत मसालेदार होता है और इसमें विशिष्ट स्मोक्ड स्वाद होता है।
- यह सूखा है, लेकिन मांस नरम/टेंडर है।

नोटः नागालैंड के लोगों के शुरुआती दिनों में पोंगसन ने एक महत्वपूर्ण भूमिका निभाई थी। बांस में खाना पकाने की इस सदियों पुरानी परंपरा के संरक्षण की आवश्यकता है जब बर्तन अप्रासंगिक थे।

बाँस के अंदर पकाया जाने वाला मांस

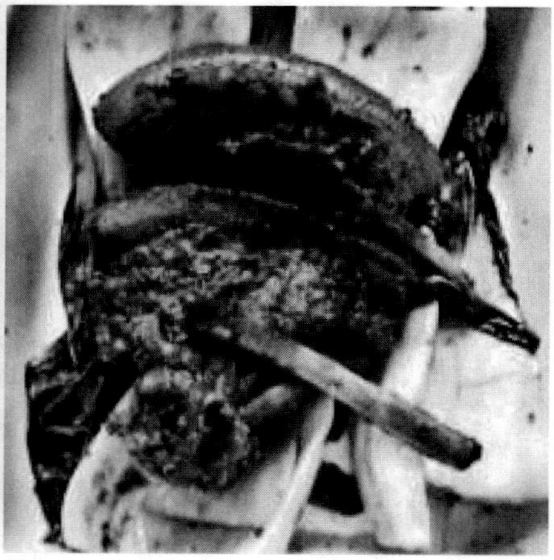

तैयार उत्पाद

7. शकूटी (Xacuti)

परिचय

Xacuti, जिसका उच्चारण 'शकूटी' है, एक उत्कृष्ट गोयन ग्रेवी है जिसे पुर्तगालियों द्वारा अपनाया गया है, जिसे कश्मीरी लाल मिर्च, काली मिर्च की फली, लौंग, कई और मसालों के साथ तैयार किया जाता है। इस पकवान के लिए मुख्य योजक कसा हुआ और भुना हुआ नारियल गिरी है। ये दोनों पहलू डिश को भरपूर मसालेदार लेकिन मीठे स्वादिष्ट आयाम देते हैं।

रेसिपी/पाक विधि एवं सामग्री

चिकन – 1 किलो

चिकन मैरिनेशन के लिए

अदरक–लहसुन का पेस्ट – 2 बड़ा चम्मच
दही – 100 ग्राम
नमक स्वादानुसार
नींबू – 2 नग (जूस)
हल्दी पाउडर –1 चम्मच
मध्यम आकार का नारियल – 1 (कद्दूकस किया हुआ)

नीचे उल्लिखित सभी मसालों को व्यक्तिगत रूप से सूखा भूनें

10 सूखी लाल मिर्च – भुनी हुई
1.5 बड़ा चम्मच साबुत धनिया के बीज
2 चुटकी जीरा
2 चुटकी सौंफ के बीज
10 लौंग
10 काली मिर्च की फली
10 लहसुन की फली
1 से.मी (बउ) अदरक का टुकड़ा
पत्थर की फूल की 2 पंखुड़ियाँ (दगाफूल)
1 से.मी (बउ) दालचीनी छड़ी
2 फली इलायची
1/2 चम्मच खसखस

तेल – 3 बड़ा चम्मच
4–5 करी पत्ते
2 प्याज – का टुकड़ा
2 टमाटर – का टुकड़ा

बनाने की विधि

- चिकन को अदरक–लहसुन के पेस्ट, दही, नमक, नींबू के रस और हल्दी पाउडर के साथ मिलाएं।
- नारियल के टुकड़ों को हल्का भूरा होने तक भूनें भुनते समय इन कद्दूकस में खसखस डालें, निकालें और अलग रखें।
- भुनने के बाद इन सभी मसालों को ब्लेंडर (नारियल के घोल को छोड़कर) में डालें। थोड़े से पानी के साथ एक महीन पेस्ट बनाएं, फिर इस पेस्ट में नारियल के पीस डालें और एक मोटे गाढ़ा पेस्ट में मिलाएं।
- बर्तन में तेल गरम करें, करी पत्ते और प्याज (बारीक कटा हुआ) डालें । इसे सुनहरा होने दें, बारीक कटे टमाटर डालें और कुछ देर पकने दें।
- इसमें मिश्रित पेस्ट डालें, गाढ़ा तरलता पर स्थिरता रखें। इसे कुछ देर तक उबलने दें।
- फिर इस गाढ़ी ग्रेवी में मैरीनेट किया हुआ चिकन डालें, 20 मिनट तक पकाएं। आवश्यकता हो तो नमक डालें।
- नरमता (टेंडर) के लिए मांस की जांच करें
- यह परोसने के लिए तैयार है।

एक मोटी गाढ़ा तरलता बनाए रखना सुनिश्चित करें, इस ग्रेवी को गोअन पाओ (रोटी) या चावल के साथ परोसा जाता है।

फ्लो चार्ट/प्रवाह चित्र

चिकन को मैरिनेट करें
↓
नारियल के कद्दूकस को भून लें
↓
मसाले को सूखा भून लें
↓

मोटे पेस्ट में मिलाएं
↓
तेल गरम करें, उसमें करी पत्ता, प्याज, टमाटर डालकर कुछ देर पकाएं
↓
मसाला पेस्ट डालें, कुछ देर उबालें
↓
मसालेदार चिकन डालें, 20 मिनट के लिए पकाएं
↓
परोसें

पोषण संबंधी अनुमानित संयोजन (391 ग्राम)

कैलोरी	483 कैलोरी
कुल वसा	29 ग्राम
कोलेस्ट्रॉल	125 मि.ग्रा
सोडियम	520 मि.ग्रा
कुल कार्बोहाइड्रेट	22 ग्राम
आहार फाइबर	4 ग्राम
शक्कर	10 ग्राम
प्रोटीन	35 ग्राम

भंडारण और शेल्फ–लाइफ/स्व–आयु

यह पकवान सबसे अच्छा ताजा परोसा जाता है, लेकिन लगातार हीटिंग के साथ 8–10 घंटे तक प्रशीतन के बिना रह सकता है।

प्रशीतन के तहत यह कुछ दिनों तक रहता है।

संवेदी गुणवत्ता

रूप – बहुत अच्छा
स्वाद – उत्कृष्ट
रस – बहुत अच्छा
बनावट – बहुत अच्छा

8. चिकन पुलाव (Chicken Pulao)

परिचय

पुलाओ को फारसी मूल का व्यंजन कहा जाता है। फारसियों और अरबियों ने पल्लाव शब्द का आविष्कार किया। पुलाव और पिलाव, जिसे संस्कृत के साथ ही तमिल में पिलाव या पुलाओ के रूप में और जिसे मुसलमानों के भारत में प्रवेश करने से पहले संदर्भित किया गया था। यह हल्के भारतीय मसालों के साथ पकाया जाने वाला स्वादिष्ट चावल का व्यंजन है। एक चिकन पुलाओ हल्का सा मसालेदार होता है जैसे कि चिकन बिरयानी की तरह भारी नहीं होता है।

रेसिपी/पाक विधि एवं सामग्री

मैरिनेट करना है

चिकन – 250 ग्राम
अदरक–लहसुन का पेस्ट 3/4 चम्मच
लाल मिर्च पाउडर 1/4 से 1/2 चम्मच
चुटकी भर हल्दी
स्वादानुसार नमक
तेल – 1 चम्मच (चिकन नरम बनाता है)
गरम मसाला 1 चम्मच
1.5 से 2 चम्मच छाछ/दही/नारियल का दूध।

सूखे मसाले

1 तेज पत्ता
1 सितारा ऐनीज
1/2 चम्मच कैरवे (शाही जीरा)
8 लौंग
2 दालचीनी की छड़ें
1 काली इलायची
4 हरी इलायची
3/4 टी स्पून सौंफ पाउडर
1 जावित्र किनारा

अन्य अवयव

1.5 से 2 चम्मच तेल

1 बड़ा पतला कटा हुआ प्याज

1 चम्मच अदरक–लहसुन का पेस्ट

1 मध्यम टमाटर कटा हुआ

आवश्यकतानुसार नमक

1/8 चम्मच हल्दी पाउडर

कटा हुआ पुदीना

कुछ कटा हरा धनिया (कटा हुआ)

1.5 कप चावल (अधिमानतः बासमती)

2.5 से 2.75 पानी या स्टॉक या पतले नारियल का दूध।

बनाने की विधि

- चावल धोएं और 20 मिनट के लिए भिगो दें। इसे पानी निथार कर अलग रख दें।
- मैरिनेट करने के लिए, चिकन उल्लिखित सामग्री के साथ मैरिनेट। इसे इस्तेमाल करने तक एक तरफ अलग रख दे।। अगर नारियल के दूध का उपयोग करते हैं तो मैरिनेट करने के लिए दही का उपयोग ना करें।
- कुकर में तेल गरम करें, मसाले और सौंफ के साथ अच्छी खुशबू आने तक मिलाएँ।
- प्याज, हरी मिर्च डालकर हल्का सुनहरा रंग होने तक भूनें। नई गंध गायब होने तक अदरक–लहसुन का पेस्ट भूनें।
- मैरिनेट किए हुए चिकन को डालें और तब तक फ्राई करें जब तक कि यह हल्के भूरे रंग का न हो जाए।
- टमाटर, नमक और हल्दी डालें और तब तक भूनें जब तक टमाटर गूदेदार न हो जाए और पूरी तरह से पक जाए। पुदीना और धनिया पत्ती डालें और एक या दो मिनट के लिए भूनें।
- सुनिश्चित करें कि टमाटर पक जाए, मिश्रण के साथ अच्छी तरह से मिश्रित हो जाए।
- अगर नारियल का दूध मलाईदार या गाढ़ा है, तो इसे पानी से पतला करें।
- जब इसमें उबाल आ जाए तो नमक और चावल डालें।

- तब तक पकाएं जब तक चावल पूरी तरह से न पक जाए। आंच को मध्यम करें और बर्तन को ढंक दें। धीमी आंच पर 3 से 5 मिनट तक पकाएं। 5 मिनट के बाद फुलाना है।

पोषण संबंधी अनुमानित तथ्य संयोजन

कुल वसा	25 ग्राम
कुल कार्बोहाइड्रेट	77 ग्राम
प्रोटीन	22 ग्राम
कोलेस्ट्रॉल	63 मिलीग्राम

संवेदी गुणवत्ता

स्वाद – मसालेदार
रंग – नारंगी लाल

विशेषता

- नारियल का दूध डाला जाता है।
- प्रेशर कुकिंग से पहले मीट को पकाया जाता है।

9. चिकन मोमो (Chicken Momos)

परिचय

मोमो एक प्रकार का दक्षिण एशियाई पकौड़ी है भूटान, तिब्बत, नेपाल और भारत के लद्दाख, सिक्किम, असम और दार्जिलिंग क्षेत्रों के मूल पकवान है। यह चीनी बाओजी और जियाओजी, मंगोलियाई बुज, जापानी गोजा और कोरियाई मांडू के समान है। माना जाता है कि यह पकवान तिब्बती मूल का है और तब से यह तिब्बती प्रवासी लोगों की आमद के साथ अन्य पड़ोसी देशों में फैल गया है। यह व्यंजन शुरू में नेपाल की काठमांडू घाटी के नेवार समुदाय के बीच लोकप्रिय था। यात्रा करने वाले नेवार व्यापारियों ने तिब्बत से नेपाल में नुस्खा और मोमो नाम लाया।

विभिन्न क्षेत्रों में विभिन्न प्रकार के मांस खाना लोकप्रिय हैं, आमतौर पर सूअर का मांस, चिकन, बकरी और भैंस के मांस का उपयोग किया जाता है। नेपाल और भारत के हिमालयी क्षेत्र में, भेड़ का बच्चा और याक का मांस अधिक आम है। कीमा

बनाया हुआ मांस निम्नलिखितः प्याज, लहसुन, अदरक और धनिया में से किसी एक या सभी के साथ संयुक्त उपयोग किया जाता है।

किस्मे

आमतौर पर दो तरह के मोमो होते हैं, स्टीम्ड और फ्राइड। मोमो आमतौर पर एक सॉस–चटनी के साथ परोसा जाता है, जिसे आम तौर पर टमाटर के साथ बनाया जाता है। सूप मोमो एक ऐसी डिश है जिसमें मांस के शोरबे में डूबा हुआ मोमोज होता है। पैन–तले हुए मोमो को 'कोथी मोमो' के नाम से भी जाना जाता है। गर्म सॉस में उबले हुए मोमोज को 'सी–मोमो' कहा जाता है।

चिकन मोमो रेसिपी के लिए सामग्री

चिकन कीमा – 1 कप
परिष्कृत गेहूं का आटा (मैदा) – 2 कप
नमक स्वादानुसार
कटा हुआ वसंत प्याज – 2
अदरक कटा हुआ – 1 इंच का टुकड़ा
हरी मिर्च कटी हुई – 2
लहसुन कटा हुआ – 5–6 लौंग
सोया सॉस – 2 चम्मच

बनाने की विधि

चरण 1: एक बाउल में मैदा और नमक डालें, अच्छी तरह मिलाएँ। पर्याप्त पानी डालें और नरम आटा गूंधें। कीमा बनाया हुआ चिकन, वसंत प्याज, अदरक, हरी मिर्च, लहसुन, सोया सॉस को एक साथ मिलाएं और एक तरफ रख दें।

चरण 2: आटा को सोलह छोटे भागों में विभाजित करें। उन्हें गेंदों का आकार दें और पतले रोल करें। बीच में फिलिंग का एक चम्मच डालें। सभी किनारों को एक साथ केंद्र में लाएं, छोटे तंग किनारे बनाते हैं।

चरण 3: चुटकी से किनारे को मोड़ दें और सुनिश्चित करें कि मोमो को कसकर बंद कर दिया गया है। लगभग बीस मिनट के लिए कुकर में भाप से पकाएं।

चरण 4: टमाटर–लहसुन की चटनी के साथ गर्म परोसें।

भंडारण और शेल्फ–लाइफ/स्व–आयु

- –18°C तापमान पर संग्रहीत करने पर सभी उत्पादों का शेल्फ–लाइफ छह महीने है।
- मोमो का सामान्य शैल्फ जीवन 3 दिन है जब वैक्यूम बैग में पैक किया जाता है।

फ्लो चार्ट/प्रवाह चित्र

कीमा बनाया हुआ चिकन मांस

↓

मसाले, वसा, नमक, प्याज, अदरक और लहसुन का पेस्ट, का मिश्रण तैयार करें

↓

मांस बनाने के लिए परिधीय किनारे को डुबोकर पैक किए हुए
मांस मिश्रण की छोटी गेंद को गोलाकार मैदे के आटे की शीट में रखा जाता है

↓

स्टीम्ड (20 मिनट)

↓

टमाटर सॉस के साथ परोसें

पोषण संबंधी अनुमानित संयोजन

कैलोरी	342 कैलोरी
कुल वसा	2 ग्राम
संतृप्त	1 ग्राम
पॉलीअनसैचुरेटेड	1 ग्राम
मोनोअनसैचुरेटेड	0 ग्राम
ट्रांस	0 ग्राम
कुल कार्बोहाइड्रेट	42 ग्राम
आहार फाइबर	3 ग्राम
शक्कर	1 ग्राम

प्रोटीन	26 ग्राम
कोलेस्ट्रॉल	90 मि.ग्रा
सोडियम	240 मि.ग्रा
पोटैशियम	433 मि.ग्रा
लोहा	23 मि.ग्रा

संवेदी गुणवत्ता

- उपस्थिति, स्वाद, रस और समग्र स्वीकार्यता जैसे संवेदी गुण ताजे तैयार चिकन खाने के लिए 8–प्वाइंट हीडोनिक पैमाने पर बहुत अच्छे पाए गए।
- उस चिकन स्नैक में 60% मीट होता था, उसमे स्नैक में 40 या 50% चिकन मीट के मुकाबले सबसे ज्यादा फ्लेवर स्कोर होता था।

10. तंदूरी चिकन मोमोज (Tandoori Chicken Momos)

रेसिपी/पाक विधि एवं सामग्री

बोनलेस चिकनः 350 ग्राम
अदरक–लहसुन का पेस्टः 1 बड़ा चम्मच
हरी मिर्च का पेस्टः 1 चम्मच या लाल मिर्च 1 चम्मच
कटा हरा धनिया और पुदीनाः 1 बड़ा चम्मच
नमक स्वादानुसार
परिष्कृत आटा (मैदा): 350 ग्राम
गरम मसालाः 1 बड़ा चम्मच
तंदूरी मसालाः 1 बड़ा चम्मच
चाट मसालाः 1 बड़ा चम्मच
कुकिंग ऑयलः 2 बड़ा चम्मच

बनाने की विधि

1. चिकन मांस को अदरक और लहसुन और हरी मिर्च के पेस्ट के साथ पीसें। या फिर चिकन में पूरी मिर्च, अदरक और लहसुन (लहसुन की 2 छोटी लौंग, 1–2 हरी मिर्च और अदरक का छोटा टुकड़ा इस्तेमाल किया जा सकता है) को एक साथ मिलाकर पीस लें। नमक और कटा हरा धनिया और पुदीने की पत्तियाँ डालें और अच्छी तरह मिलाएँ। हमारी मोमो फिलिंग उपयोग के लिए तैयार है।

2. परिष्कृत आटे (मैदा) को एक मध्यम नरम आटा बनाओ। हम आटे में कोई नमक नहीं मिला रहे हैं, क्योंकि हम मसाले को कोट करने के लिए इस्तेमाल करेंगे। आटे की छोटी–छोटी बॉल्स बना लें और छोटी गोलाकार पूरियां बेल लें।

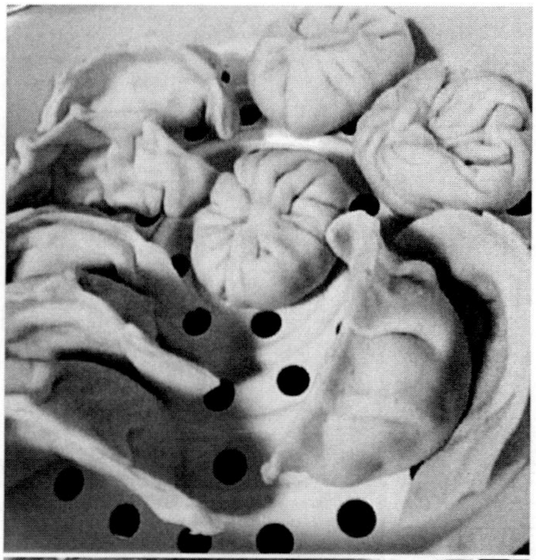

3. चिकन भराई करें और चित्र में दिखाए अनुसार छोरों को बंद करें। सारे मोमोज बना लें और तैयार रखें। स्टीमिंग बाउल/प्लेट में तेल लगाना न भूलें जिसमें मोमोज को स्टीम करना है। यह उबले हुए मोमोज को बाउल में एक के बाद एक दूसरे को चिपकाने से रोकता है।

4. स्टीमर में 10 मिनट के लिए मोमोज को स्टीम करें। यदि आप स्टीमिंग के लिए प्रेशर कुकर का उपयोग कर रहे हैं, तो सीटी न रखें।
5. एक छोटी कटोरी लें और उसमें गरम मसाला, तंदूरी मसाला और चाट मसाला मिलाएँ। इस मसाले के पेस्ट को प्रत्येक उबले हुए मोमोज पर लगाएं और उन्हें एक बेकिंग ट्रे पर रखें।
6. ओवन को 200°C पर प्रीहीट करें, ओवन और ग्रिल सेटिंग के साथ, और फिर 25–30 मिनट के लिए या जब तक वे बेक न हो जाएं, मोमोज को बेक/ग्रिल करें। ग्रिलिंग से बाहर की कोटिंग जल सकती है, और इसलिए उन्हें जांच लें और ओवन समय के लिए स्वयं के विवेक का उपयोग करें और एक बार पके हुए और ग्रिल्ड दिखने पर हटा दें।
7. ग्रिल के पास बेकिंग ट्रे को बहुत पास न रखें क्योंकि ग्रिल की तेज गर्मी ऊपर के कवर को जला सकती है और मोमो अभी भी आधा बेक हो सकता है। ट्रे को ओवन के मध्य शेल्फ में रखें।

11. चिकन समोसा (Chicken Samosa)

परिचय

चिकन समोसा, बहुमुखी स्नैकस मांस खाद्य उत्पादों में से एक है जो अब दुनिया भर में लोकप्रिय है। समोसा शब्द को हाल ही में अंग्रेजी शब्दकोष में भी जोड़ा जा रहा है। यह सादगी की वजह से दुनिया भर में लोकप्रिय है लेकिन ऐपेटाइजर के रूप में पूरी तरह से सेट प्लेट है, और जब चाय या कॉफी के साथ खाया जाता है तो, तो आनंद दोगुना हो जाता है। यह मैदा या परिष्कृत गेहूं के आटे या इसी प्रकार के आटे का उपयोग करके तैयार त्रिकोणीय आकार के आटे में कीमा चिकन मांस भरवां का उपयोग करके संसाधित किया जाता है।

इस विशिष्ट नुस्खा में तेल, प्याज, चिकन कीमा, टेबल नमक, लाल मिर्च पाउडर, गर्म मसाला पाउडर, नींबू का रस, मसला हुआ आलू, बेकिंग पाउडर और समोसा स्टफर शामिल हैं। समोसे की अच्छी गुणवत्ता के लिए स्टफर और भराई सामग्री का प्रसंस्करण बहुत महत्वपूर्ण है। हालांकि, स्टफर समोसे के कुल वजन का 30% से अधिक नहीं होना चाहिए। कुछ भरने के साथ भरा हुआ खोल, आम तौर पर चिकन कीमा, उबले हुए आलू, प्याज, हरी मटर, दाल, मसाले और हरी मिर्च, या फलों का मिश्रण होता है। पूरी पेस्ट्री फिर वनस्पति तेल में गहरे भूरे रंग के लिए तली जाती है। कुछ रेस्त्रां घी का उपयोग तलने के माध्यम के रूप में भी करते हैं। इसे गर्म परोसा जाता है और अक्सर इसे हरी हरी चटनी, जैसे कि पुदीना, धनिया और इमली के साथ खाया जाता है। बल्कि एक दिलकश के रूप में यह एक मीठा के रूप में भी तैयार किया जा सकता है। समोसे अक्सर चटनी या सफेद मटर की तैयारी की पारंपरिक संगत के साथ, दही, इमली और हरी चटनी, कटे हुए प्याज, धनिया, और चाट मसाला के साथ परोसी जाती है। इसे टमाटर सॉस के साथ भी परोसा जा सकता है। कुछ लोग बिना किसी संगत के कुरकुरे समोसे का आनंद लेते हैं।

रेसिपी/पाक विधि एवं सामग्री

चिकन कीमा – 100 ग्राम
परिष्कृत वनस्पति तेल – 10 ग्राम
प्याज का पेस्ट – 15–20 ग्राम
टेबल नमक – 2.0 ग्राम
लाल मिर्च पाउडर – 2.0 ग्राम

गर्म मसाले – 2.0 ग्राम
नींबू का रस – 5.0 मिली
भराई के लिए आटा – 100 ग्राम
परिष्कृत शाकाहारी तेल/घी – गहरे भूरे रंग के तलाई/फ्राइंग के लिए

बनाने की विधि

फ्लो चार्ट/प्रवाह चित्र

पहले डिबोंड चिकन मांस लें, छोटे क्यूब्स में काटें और उन्हें मैन्युअल मांस के पीसने वाली चक्की के माध्यम से करें (5 मिमी छलनी आयाम)

↓

एक पैन में 10 ग्राम तेल लें और इसे अच्छी तरह गर्म करें, प्याज का पेस्ट सुनहरा भूरा होने तक मिलाएं

↓

चिकन कीमा डालें और कुछ मिनट के लिए भूनें

↓

मैश किए हुए आलू, लाल मिर्च पाउडर, गर्म मसाले, नींबू का रस, नमक आदि डालकर अच्छी तरह मिलाएं। पूरी तरह से पकने पर इसे निकाल लें।

↓

आटे का उपयोग करके समोसा पटटी बनाएं और त्रिकोण आकार में काटें

↓

स्टफिंग सामग्री के 30–35 ग्राम लें और स्टफर/समोसा पेटी को धीरे से भरें ताकि यह समोसे का उचित आकार बना सके

↓

अब एक फ्राइंग पैन में तेल गरम करें, आंच को मध्यम में रखें और समोसे को गहरे भूरे रंग का होने तक तलें

↓

टोमैटो केचप के साथ गर्मा–गर्म परोसें

अनुमानित पोषण मूल्य संबंधी तथ्य (एक मानक आकार चिकन समोसा, 50 ग्राम)

कुल वसा	5.2 ग्राम
संतृप्त वसा	6.0 ग्राम
ट्रांस फैट	0.05 ग्राम
कोलेस्ट्रॉल	5 मि.ग्रा
सोडियम	170 मि.ग्रा

पोटैशियम	152 मि.ग्रा
कुल कार्बोहाइड्रेट	12 ग्राम
आहार फाइबर	1.0 ग्राम
शुगर्स	0.9 ग्राम
प्रोटीन	4.0 ग्राम

इसमें विटामिन ए, सी, कैल्शियम और आयरन भी होता है।

12. सूखा हुआ मांस (Dried Meat)

परिचय

मांस के संरक्षण के लिए संसार के लोगों ने विभिन्न व्यंजनों और विधियों का उपयोग किया है। यात्रियों, शिकारियों और खोजकर्ताओं के लिए भोजन को खराब होने से रोकने के लिए हजारों साल पहले सूखने की परंपरा शुरू हुई। सूखा मांस एक पौष्टिक और हल्का भोजन है जो ऐसे लोगों के लिए अच्छा काम करता है जो लगातार काम करते हुए आगे बढ़ रहे हैं। सूखा मांस, दुनिया भर के कई व्यंजनों की एक विशेषता है। कबाब भारत में हैदराबादी समुदाय का एक सूखा हुआ, मसालेदार मांस व्यंजन है।

मांस के सुखाने के सिद्धांत

प्राकृतिक तापमान, नमी और हवा के संचलन के तहत मांस को सूरज के सीधे प्रभाव में सुखाना, मांस संरक्षण का सबसे पुराना तरीका है। इसमें मांस के टुकड़ों का एक क्रमिक निर्जलीकरण होता है जो एक विशिष्ट समान आकार में कटे होते है जो मांस के पूरे बैचों के बराबर और एक साथ सुखाने की संभावना होती है। मांस की बाहरी परतो से पानी के वाष्पीकरण द्वारा नमी को कम करने से और गहरी मांस परतों से बाहरी परतो तक पानी के निरंतर प्रवास से प्राप्त होता रहता है।

लगभग 30 प्रतिशत की कम आर्द्रता वाली गर्म, शुष्क हवा, दिन और रात के बीच अपेक्षाकृत छोटे तापमान के अंतर मांस के सूखने के लिए अनुकूलतम स्थिति हैं। हालांकि, जब बुनियादी स्वच्छ और तकनीकी नियमों का पालन किया जाता है, तो कम अनुकूल परिस्थितियों में अच्छे परिणाम के साथ मांस को सुखाया जा सकता है। सुखाने की प्रक्रिया की तीव्रता और अवधि हवा के तापमान, आर्द्रता और वायु परिसंचरण पर निर्भर करती है। उच्च तापमान, कम आर्द्रता और गहन वायु परिसंचरण के तहत सुखाने में तेजी आती है।

सुखाने के पहले दिन के दौरान मांस से पानी का अपेक्षाकृत उच्च वाष्पीकरण होता है, जिसके बाद यह लगातार घटता जाता है। तीन या चार दिनों के लिए मांस को सुखाने के बाद, 60–70 प्रतिशत तक वजन कम किया जा सकता है, जो कि पानी की मात्रा के बराबर होता है। नतीजतन, सुखाने के दौरान एक बैच के वजन को नियंत्रित करके नमी के कमी की निगरानी की जा सकती है। सुखाने के दौरान लगातार वाष्पीकरण और वजन घटाने से मांस के आकार में परिवर्तन मांसपेशियों और संयोजी ऊतक के संकुचन के माध्यम से होता है। नरम से फर्म, फर्म से कठोर तक में भी स्थिरता बदल जाती है।

इन शारीरिक परिवर्तनों के अलावा, कुछ विशिष्ट जैव रासायनिक प्रतिक्रियाएं भी हैं जो संवेदी/ऑर्गेनोलेप्टिक गुणों और उत्पाद की विशेषताएं पर एक मजबूत प्रभाव डालती हैं। विकासशील देशों में सुखाने के लिए उपयोग किया जाने वाला मांस आमतौर पर गर्म शवों से प्राप्त होता है, और सुखाने की पहली अवस्था में तेजी से पकने की प्रक्रिया होती है क्योंकि मांस का तापमान अपेक्षाकृत अधिक बना रहता है।

विकासशील देशों में सुखाने के लिए उपयोग किया जाने वाला मांस आमतौर पर गैर–ठंडा शवों से प्राप्त किया जाता है, और तेजी से परिपक्व की प्रक्रिया सुखाने के पहले चरण के दौरान होती है क्योंकि मांस का तापमान अपेक्षाकृत अधिक रहता है। इसी कारण से सूखे मांस का विशिष्ट सुगंध ताजा मांस के विशिष्ट सुगंध से पूरी तरह से अलग होती है है। मांस वसा का थोड़ा ऑक्सीकरण सूखे मांस के विशिष्ट सुगंध में योगदान देता है।

कच्चे मांस में वसायुक्त ऊतको का प्रतिशत अधिक होने पर सूखे मांस में अवांछनीय परिवर्तन हो सकता है। मांस के सुखाने और भंडारण के दौरान उच्च तापमान, वसा के गहन ऑक्सीकरण और एक अप्रिय बासी स्वाद/गंध का कारण बनता है जो उत्पाद की अस्थिरता को प्रभावित करता है।

अनुमानित पोषण मूल्य (प्रति 100 ग्राम)

अवयव	मूल्य
प्रोटीन	59 ग्राम
कुल वसा	3.7 ग्राम
संतृप्त वसा	1.6 ग्राम
पॉलीअनसैचुरेटेड वसा	0.4 ग्राम

मोनोअनसैचुरेटेड वसा	1.2 ग्राम
कोलेस्ट्रॉल	164 मि.ग्रा
सोडियम	950 मि.ग्रा
पोटैशियम	810 मि.ग्रा

13. थुकपा (Thukpa)

थुकपा या गया–थुक एक विशिष्ट तिब्बती शैली का नूडल सूप है। थुकपा या गया–थुकिस एक बहुत लोकप्रिय स्थानीय व्यंजन है जो इन क्षेत्रों के सभी रेस्तरां और होटलों में भी उपलब्ध है। सबसे पहले, कटा हुआ प्याज लहसुन और हरी मिर्च के साथ तला फिर कीमा बनाया हुआ मांस डाला जाता है। मिश्रण 10 मिनट के लिए तला जाता है, और स्वाद के अनुसार नमक डाला जाता है। फिर इसे पकाने के बाद अलग रख दिया जाता है। अगला, 4 लीटर पानी सख्ती से उबाला जाता है, और नूडल्स अंदर डाल दिए जाते हैं। 2 मिनट के लिए कभी–कभी चलने के साथ उबालना जारी रखते है । उबलने के बाद, नूडल्स को एक बड़ी छलनी के माध्यम से निकाला जाता है और नूडल्स को चिपकने से रोकने के लिए उन पर ठंडा पानी डाला जाता है। अतिरिक्त पानी को निचोड़ने के बाद, नूडल्स को एक सर्विंग बाउल में स्थानांतरित किया जाता है। गर्म सूप को फिर नूडल्स के साथ कटोरे में डाला जाता है। अंत में, इसके ऊपर तले हुए मांस–प्याज का मिश्रण और बारीक कटा हुआ हरा प्याज के पत्ते रखे जाते हैं। थुकपा या गया–थूक गर्म परोसने के लिए तैयार है।

14. सु जोम (SU Zom)

सु जोम लेपचास का एक पारंपरिक मांस आधारित भोजन है। प्राचीन दिनों में, मांस पृथ्वी के नीचे बेक किया गया था। इस भोजन को सुजोम कहा जाता है। मांस की मात्रा के आधार पर, कम से कम 2 फीट की गहराई के साथ एक पिच तैयार की जाती है। पिच के तल पर सपाट पत्थर रखे जाते हैं। फिर, केले के पत्तों या अन्य पत्तियों को पत्थर पर रखा जाता है। कटा हुए मांस के टुकड़े पिच के अंदर रखे जाते हैं और आग में जलाए गए गर्म पत्थरों को मांस पर रखा जाता है। गर्म पत्थरों को पत्तियों के साथ कवर किया जाता है और पिच को पृथ्वी से भर दिया जाता है। गर्म पत्थर कच्चे मांस को रात या एक दिन में सेंकते हैं। फिर पिच के अंदर के मांस को बाहर निकाला जाता है।

15. पोंगजोम (Ponguzom)

पोंगुजुम लेप्चा का एक पारंपरिक भोजन भी है। यह भोजन एक बांस में तैयार किया जाता है। कोई भी कच्चा भोजन जैसे चावल, मछली और सब्जी को हरे बांस के अंदर रखा जाता है, और नमक डाला जाता है। बाँस के खुले किनारे को हरे पत्तों से ढँका जाता है, जो बाद में एक तार से बंधे होते हैं। फिर बांस को जलती हुई आग के ऊपर रख दिया जाता है और तब तक लगातार घुमाया जाता है जब तक कि हरे रंग का बांस (आमतौर पर भूरा) रंग न बदल जाए। बांस को आग से बाहर निकाल दिया जाता है और क्षैतिज रूप से खुला काट दिया जाता है, ताकि बांस के अंदर की वस्तु न रह जाए। बाँस के अंदर का पका हुआ खाना खाने के लिए तैयार है।

16. छिवेला (Chhwella)

छिवेला नेवार समुदाय का, भैंस मांस का एक विशिष्ट उबला हुआ व्यंजन है। इसकी तैयारी के दौरान, मांस की एक पूरी गांठ को उबला जाता है और टुकड़ों में काट दिया जाता है। यह मसालों के पेस्ट के साथ मिलाया जाता है, अच्छी तरह से गूंधा, और फिर तेल में तला जाता है। फ्राइड मेथी के बीज और हल्दी को मांस के साथ गार्निश किया जाता है। त्योहारों, दावतों, या विशेष अवसरों के दौरान इसे च्यूरा (पीटा चावल) के साथ परोसा जाता है। छिवेला दो प्रकार के होते हैं हकुछेवला सादा है, जबकि मनुछेवला चारकोल पर भैंस का मांस भूनकर तैयार किया जाता है। छावेला के अलावा, नेवार रसोइयों को अन्य मांस व्यंजन जैसे कि सिपति, किमिला, गोरमा, चुला, तखा, नगा और पुलाला भी तैयार करने के लिए जाना जाता है।

❑❑❑